日銀総裁のレトリック

木原麗花

文春新書

1470

文中敬称略

はじめに　なぜ日銀のメッセージはうまく伝わらないのか？

「超円安」に高まる不満

東京・日本橋にある日本銀行本店。2024年6月下旬のある日、どしゃぶりの雨の中、記者クラブがある北門に差し掛かったところ、青いバンから中年の男性が拡声器をもって降りてきた。そして、突然こう叫び出したのだ。

「日本銀行の職員の皆さん、優秀なんでしょう。エリートなんでしょう。なぜ円安を止められないのですか！」

あまりに急な出来事にあっけにとられた一方で、しばらくその問いが頭を離れなかった。「多くの人が同じ思いを抱いているのではないか」と感じたからだ。

同年3月、日銀はマイナス金利を解除し、10年以上にも及んだ大規模緩和からの出口に向け、歴史的な一歩を踏み出した。だが、当面緩和的な金融環境を維持すると強調する日銀の発信もあり、日米金利差は当面縮小しないだろうとの見方から、為替市場では対ドルで160円台という歴史的な円安が進んだ。

円安にはメリットもある。海外で事業展開する製造業にとって、円安は円換算での収益増につながる。増えた利益を賃上げや国内投資に回せば、日本経済にも恩恵が及ぶ。

だが、多くの家計にとって円安はデメリットの方が大きい。朝日新聞が2024年6月に公表したアンケートによると、「円安は、いいことですか?」という問いに対し、回答者の9割が「いいえ」と答え、「はい」はわずか1割だった。「いいえ」と答えた人の多くが、理由として食料品やガソリン価格の値上がり、それに伴う生活苦を挙げた。原材料やエネルギーの多くを海外から輸入する日本では、円安は生活必需品の価格上昇につながり、家計を圧迫するのだ。

消費者物価指数の伸び率(前年同月比)は既に2年以上、日銀の目標である2%を上回っている。にもかかわらず、日銀は低金利を維持する姿勢を変えない。これによって生じた日米金利差が原因で円安は止まらず、家計の負担は増すばかり。

「国民を苦しめる超円安を放置している日銀はけしからん」——日銀本店の前で叫んでいた男性の主張は、こうした人々の不満を映じたものかもしれない。

伝わりにくい日銀のメッセージ

日銀にも言い分がある。十数年前まで、日銀は製造業の収益を圧迫する急速な円高を放置していると批判されていた。長引く景気低迷への国民の不満の受け皿となって政権を奪還した安倍晋三元首相は、「アベノミクス」と呼ばれる経済政策の一環として、日銀に大規模な金融緩和の導入を求めた。そして2013年、黒田東彦《はるひこ》総裁のもと打ち出された量的・質的金融緩和（QQE）は、円安をもたらしたとして喝采を浴びた。

それがいまや、過度な円安を放置していると批判されている。そもそも金融政策は為替相場を直接コントロールするためのものではない。あくまで物価と金融システムの安定のために遂行されるべきものだ。仮にゼロ%近傍にある金利を多少引き上げたとしても、円安が止まる保証はない。

当然のことながら、日銀が利上げすれば、住宅ローン金利や企業の借り入れコストは上昇する。5%程度あるアメリカとの政策金利差を縮小させようと急速に利上げすれば、脆《ぜい》弱《じゃく》な日本経済の腰を折り、デフレや景気低迷の再来を招いてしまう恐れがある。円安は止めてほしいが、景気を冷やす利上げも困る。このような要求は、日銀からすると無理な相談だ。論理性を重んじる、経済学者の植田和男総裁はとりわけそう感じているのではないだろうか。

植田総裁は、日本経済がデフレに苦しんでいた時期に日銀の審議委員を務めた。拙速な利上げの危険性をひときわ強く意識しているだろう。だからこそ、マイナス金利の解除直後は、当面緩和的な金融環境を維持すると強調していた。

他方、賃上げの動きに広がりが見えてくるにつれ、物価が持続的に2％程度で推移することへの確信が高まれば、今後数回にわたって金利を引き上げていくことも示唆している。だが、この利上げモードへの転換は、金融市場や国民にいまいち伝わっていない。それゆえ「円安を放置する日銀」というイメージもなかなか払拭されないのだろう。

こうした「伝わらない」時期が長く続いたゆえに、反動も大きかった。２０２４年７月31日の金融政策決定会合において日銀が短期金利の引き上げを決定し、同日の記者会見で植田総裁が今後も継続的に利上げしていくことを鮮明にした途端、今度は急速な円高と株安が進行したのだ。

翌週、内田眞一副総裁が火消しに回った。8月7日に北海道・函館市で講演した際、「金融資本市場が不安定な状況で、利上げをすることはありません」と明言し、早期利上げ観測を否定した。金融市場は即座に反応し、円安・株高が進んだ。投資家の不安心理は後退したが、日銀によるこの一連の発信がマーケットの攪乱《かくらん》要因になったことは否めない。

答えは「レトリック分析」から見えてくる

なぜ日銀のメッセージはうまく伝わらないのか。その一因として、植田総裁の丁寧だが曖昧な語り口があるのではないか——そう筆者は考えるようになった。緩和的な金融環境を維持しつつも、徐々に金利を引き上げていく。円安の影響は注視するが、為替を直接ターゲットにして金融政策を運営することはない。

抽象的で両論併記のこうした発言からは、日銀が将来どのような政策運営をするのか、いまいちわかりづらい。数々の非伝統的な金融緩和措置を導入したにもかかわらず、デフレ脱却への決意が足りないと批判された白川方明《まさあき》総裁も、政策の効果だけでなく副作用を丁寧に説明しようとした結果、国民にわかりやすいメッセージを打ち出すことができず、苦労していたように感じた。

一方、黒田東彦総裁はQQEを導入した際、「日銀の力でデフレは必ず脱却できる」と力強く語りかけることで、人々の心理に働きかけようとした。在任中に物価目標は達成されず、批判を浴びたが、断定調で歯切れの良い当時の発言は、海外投資家には強い印象を残したようだ。

このように、金融政策はその直接の効果だけでなく、伝え方も大事だ。経済理論上は正しい政策であっても、その効用について人々の共感を得るような説明ができないと、無用な批判やバッシングを受けてしまう。コミュニケーションが金融政策上重要なツールと位置付けられている今、政策の効果や意義についてわかりやすく伝え、金融市場や国民に理解してもらうことは不可欠だ。

では、日銀のメッセージがうまく伝わるかどうかを左右する要因は何だろう。この問いについて考えるうちにたどりついたのが、レトリックの世界だ。

レトリックとは、いわば説得の技法だ。有効に用いれば主張の説得力を高め、自らが紡ぐ物語（ナラティブ）を人々に受け入れてもらうことができる。政治家にとってレトリックを使いこなすことは必須の資質だが、金融政策におけるコミュニケーションの重要性を考えると、中央銀行の政策当局者にとってもきわめて大切なスキルだ。

また、レトリックは単なる修辞学ではなく、言説に潜む権力構造や社会関係も表す。使い方次第で、都合の良い情報をハイライトし、そうではない情報を隠すことができる。つまり逆に言えば、レトリックを分析することにより、日銀がどのようなナラティブを構築し、自らの政策をどう正当化しようとしているかがわかるのだ。

歴代の日銀総裁はどのようなレトリックを用いて、自らの政策の有効性を高めようとしてきたのだろうか。そして、金融政策の変遷に応じ、日銀のレトリックはどう変化したのだろうか。こうした点を明らかにすることにより、植田総裁のレトリックから将来の金融政策の行方についてヒントを得ることもできるだろう。本書は、ジャーナリストの現場経験を生かしつつ、レトリック分析の視点から日銀の金融政策を考察する試みだ。

筆者は、外国プレスの記者として長年、日銀の金融政策について取材し、英語で海外に伝えてきた。その経験から感じたのは、日銀は総じて国民とのコミュニケーションが苦手だということだ。金融政策は専門的なので、中央銀行の発信は曖昧かつわかりづらいものになりがちだ。だが、日銀の場合、そのわかりにくさは突出して高いように思われる。日銀の発信を英語で記事にする際、幾度も感じたことだ。この特性もまた、レトリックで説明できる部分が多い。

今や海外投資家は、日本の株式市場や円相場の動きを左右する巨大なプレーヤーだ。彼らに有効にメッセージを伝えるうえでも、日銀がどのようなレトリックを用いるかはますます重要になっていくだろう。本書では、海外投資家と頻繁にやりとりする中で感じた日銀レトリックの特徴や、取材上の体験談も紹介する。世の中になじみの薄い金融政策、そしてそれを報じる外国プレスの存在を少しでも身近に感じてもらえれば幸いだ。

目次

日銀総裁のレトリック

本書に登場するおもな出来事

1998年3月：速水優総裁就任
4月：新日本銀行法施行
1999年2月：ゼロ金利政策導入
2000年8月：ゼロ金利政策解除
2001年3月：量的緩和政策導入
2003年3月：福井俊彦総裁就任
2006年3月：量的緩和政策解除
7月：短期金利をゼロ％から0.25%に引き上げ
2007年2月：短期金利を0.25%から0.5%に引き上げ
2008年4月：白川方明総裁就任
2010年10月：包括的金融緩和政策導入（リスク性資産購入開始）
2013年1月：2％の物価安定目標設定
3月：黒田東彦総裁就任
4月：量的・質的金融緩和政策（QQE）導入
2014年10月：QQE拡大
2016年1月：マイナス金利政策導入
7月：リスク性資産買入れ増額を軸とした金融緩和強化
9月：イールドカーブ・コントロール（YCC）導入
2022年12月：YCC変動幅拡大（上下0.25%から上下0.5%へ）
2023年4月：植田和男総裁、内田眞一・氷見野良三両副総裁就任（両副総裁は3月）
7月：YCC運用柔軟化（上下0.5%変動幅を「目途」へ）
10月：YCC運用柔軟化（長期金利の上限1％を「目途」へ）
2024年3月：マイナス金利政策・YCC解除
6月：国債買入れの削減方針決定
7月：短期金利を0.25%に引き上げ、国債買入れ減額発表

第1章　レトリック分析で見えてくる世界

レトリックとはなんだろう?

レトリックと聞くとどんなイメージを持つだろう。多くの日本人にとっては美辞麗句あるいは巧妙に人をだます詭弁、言葉のトリックといったところではないだろうか。

だが西欧では、レトリック(修辞学・弁論術)は古代ギリシャ時代から連綿と続くれっきとした学問領域だ。どのように人々を説得し、自らの主張の正当性を示せるかは、古代から重要な能力とみなされていた。

その起源は紀元前5世紀、シチリア島南東部にある古代ギリシャの都市シラクサにさかのぼる。独裁制が崩壊し人民に土地が返還されることになった際、直接民主主義のもとで、人民たちは法廷で自分たちの財産の所有権を主張するために弁論術が必要になった。そのための修辞技法が発達し、弁論術を教える教師や演説の代行屋という職業やハウツー本が生まれるほど普及する。やがて、レトリックは序論・陳述・議論・補足、まとめという5つの部分からなるものとして体系立てられ、ソフィストと言われるレトリックの教師たちにより華麗な修辞技法が確立され、ギリシャ全土で開花する。

一方、そうした技巧に走る弁論術に対し、嘘をも真実らしく見せるものだとして糾弾したのが哲学者プラトンだ。彼は弁論術のかわりに、真理探求のための問答法を重視した弁証術（哲学）を提唱する。言論は真実を明らかにするために存在すべきであり、形式や技巧ばかり重んじる弁論術を批判したのだ。

その後、プラトンの弟子である哲学者アリストテレスは弁論術と弁証術、どちらも必要だとした。たとえ真実であっても、聞き手に納得してもらえる弁論テクニックがないと信じてもらえないことがある。そう考えたアリストテレスは、弁論術を一定のルールをもつ、より理論に基づいた説得手法として確立し、レトリックの礎を築いていく。彼は名著『弁論術』において、レトリックを「他者の行動や考え方に影響を及ぼすための説得の手段」と定義したうえで、法廷で有罪か無罪かを論じる際の法廷弁論、政策についての利益・不利益を論じる政治演説、政治リーダーの就任演説のような、価値観の共有や一体感を生み出すための儀式に用いられる儀礼演説に分類した。その後レトリックの位置づけは時代によりさまざまに変化していくが、政治ディスコース（言説）をはじめ、西欧における説得の手段として欠かせないものとなっている。

政治家にとってレトリックを使いこなすことはきわめて重要な資質だ。レトリックを有効に用いることにより、論理的な説明で説得力を高めたり、人々の感情に訴えたり、自らを信頼に足る人物だと相手に納得させたりすることができる。また自らの世界観に聞き手を引き込み、自らが紡ぐ物語を受け入れてもらうことは、政治家の権力の源泉ともなる。このため政治におけるレトリックの役割は、今や独自の研究対象となっている。

大統領演説のレトリック

とりわけ関心が高く、研究対象としてよく取り上げられるのが、アメリカ大統領のレトリックだ。熾烈な競争を勝ち抜いて大統領の座を得るためには、スピーチで人々の心をつかみ、討論番組で相手を論破する必要がある。遊説で立ち寄った小さな町で住民とかわす何気ないやりとりもテレビで中継され、人々がもつ印象に影響を与える。それぞれの場面におけるレトリックの巧拙で勝敗が大きく変わってしまうのだ。米コミュニケーション学者Campbell & Jamiesonは共著（"Presidents Creating the Presidency" 邦訳なし）において、言説やレトリックこそが大統領の職務を規定すると喝破した。大統領はそのレトリックを通じ、何がアメリカにとって重要な課題なのか、その課題をどう理解すればよいのか、自ら定義することができるのだ。またそうすることにより、社会的な現実を構築することすらできるという。

たとえば、大統領になったあかつきに行う就任演説。この場では儀礼的色彩の強いレトリックが使われ、神の前に国民との宣誓を行って初めて大統領となる。そして新大統領は神とアメリカ人を結ぶ神官のような役割を果たす。就任演説では党派や分断を超え、国民に一体感と連帯意識を醸成することがもとめられるのだ。

有名な例でいえば第35代米大統領となったJ・F・ケネディの演説がある。彼は国民に対し「あなたの国があなたのために何ができるかを問わないでほしい。あなたがあなたの国のために何ができるかを問うてほしい」と呼びかけ、大きな共感を得た。２００９年に就任したバラク・オバマ大統領は、経済がリーマンショックの後遺症に苦しむ中で、格差が進む社会の分断に立ち向かうよう、国民を鼓舞する必要があった。このため就任演説ではまず、アメリカが直面しているさまざまな課題が「深刻で多数に及び、容易に、あるいは短期間に解決できるものではない」と厳しい現実認識を示したのち、しかし「これらの課題は解決することができる」と楽観的な形でつないだのだ。

一方、２０１７年に就任したドナルド・トランプ大統領は「企業を盗み、職を奪うという外国の破壊行動から国境を守る」ことを約束するなど「アメリカ第一主義」の政策を遂行することを約束した。就任時のレトリックには、それぞれの大統領の特性がよく現れる。

このほかにも、大統領はさまざまなシーンに応じてレトリックを使い分ける。たとえば戦争開始の必要が生じたとき、国民や議会にその大義を説明し納得してもらうために「戦争」レトリックが用いられるが、その様式には一定のパターンがある。まず戦うことがいかにアメリカの正義のために必要か、倒すべき相手の不正義は何であるのかを説明したうえで、大義のために犠牲をいとわないアメリカ国民の素晴らしさを称える形をとる場合が多い。たとえばジョージ・W・ブッシュ（子）大統領は米同時多発テロ直後に軍事作戦の必要性について国民に訴える際、これは「正義の戦争」であり、この大義を守ることはアメリカだけでなく民主主義のために必要だと訴えた。これは「正当化」という手法だ。民主主義といった、アメリカ国民が重んじる価値観を大義に開戦に理解を求めることは歴代大統領の常套手法ともいえる。

一方、弾劾やスキャンダルで政治的なピンチに陥った際に用いる「謝罪」のレトリックもあれば、災害や大きな事故があった際、国民と悲しみを分かち合い、ショックを癒そうとする「救済」のレトリックもある。こうしたスピーチの多様性や、目的に応じて定式化された様式が存在していることをみれば、大統領にとっていかにレトリックが重要な意味をもつかがわかる。

原爆投下の責任を巧みに隠す

戦後初めて現職大統領として広島市の平和記念公園を訪問したオバマが当地で2016年5月に行った演説も有名だ。オバマは、広島における原爆投下という悲惨な過去を自分ごととして刻み、平和の尊さや和解の必要性を訴え、人々の共感を呼んだ。日本のみならず世界でも注目されたこの演説では、どのようなレトリックの手法（修辞技法）が使われているだろうか。ここで少し見ていきたい。

「なぜ私たちはここ、広島を訪れるのか。私たちはそう遠くない過去に解き放たれた恐ろしい力に思いをはせるために訪れるのです」

これは修辞疑問文といい、わざと疑問文を用いてそれに回答する形をとることにより、自らの主張を断定し強調する効果を狙う修辞技法だ。

「71年前、明るく、雲ひとつない晴れ渡った朝、死が空から降り、世界が変わってしまいました。閃光《せんこう》と炎の壁が都市を破壊し、人類が自らを破滅させる手段を手にしたことを示したのです」

ここでは原爆を「死が空から降」ってきたもの、いわば天から突然降り注いだ災難と抽象化している。これは「自然化」（naturalization）という技法で、だれが原爆を投下したのか、その主体を曖昧化することにより、多くの市民の命を奪ったことに対するアメリカの責任を回避することができる。広島訪問を自らのレガシーとしたい半面、アメリカの責任に触れて謝罪することが国内政治的に難しいオバマにとって、このようなレトリックを用いることが最善だったといえよう。

「原爆を投下した爆撃機のパイロットを許した女性がいます。なぜなら、彼女は本当に憎いのは戦争そのものだとわかっていたからです。ここで殺された米国人たちの家族を探し出した男性がいました。なぜなら、彼は彼らの喪失は自分たちの喪失と等しいと信じていたからです」

ここでは、特定の人物や事柄についての具体的な話題を紹介する逸話（アネクドート）という修辞技法が用いられている。一般にあまり知られていない興味深い話題を組み込むことで、聞き手の関心を高めたり、親近感を持たせたりして感情に訴える効果をもつ。

このように話し手はレトリックを通じ、自らの作り出す文脈に聞き手を引き込むことができる。レトリックを分析する際は、何が話されているかだけでなく、何が隠されているかを見抜くことも重要だ。たとえばオバマは広島の惨禍について語り、被爆者の痛みに寄り添うが、原爆を投下した主体であるアメリカの存在は隠されている。レトリックは人々の感情を揺さぶり、強烈なメッセージを放つことができる一方、使い方次第ではその背後にある不都合な真実を隠すこともできるのだ。

レトリックで変わるパンデミック対応の印象

修辞技法を用いて人々を説得する際、聞き手のどこに働きかけるのか。アリストテレスは『弁論術』において、人々を説得するためには、論理的説得（ロゴス）、感情的説得（パトス）、倫理的説得（エトス）という3つの説得戦略があるとする。「ロゴス」は主張の根拠や真実性を説明し、説得する相手が納得するよう論理的に説明することを指す。「パトス」は聞き手の感情に訴え、共感を得ることでその判断に影響を与えようとする。そして「エトス」は自らの人柄が優れたものであることを示し、聞き手の信頼を得ることによって説得する戦略を指す。どの戦略を用いるかは、訴えたい内容やその場面、社会的な状況によって異なるが、この3つの要素を組み合わせて使用する場合もある。どの戦略に重点を置いて演説しているかをみれば、政治家が自らについて築きたいイメージや、その人物の個性がわかることもある。

そうした違いをみる好例が、コロナ禍における各国首脳たちの演説だ。２０２０年、世界各国で新型コロナウイルスが猛威をふるい、感染拡大防止のために行動制限が設けられた。各国首脳は、基本的人権に制約を課す厳しい措置について国民の理解を求め、不安を和らげるために説得力のあるメッセージを発信する必要があった。危機に直面したときに各国首脳が発するメッセージは、彼らのリーダーとしての資質だけでなく、受け手である国民や社会の心理や特徴をも映し出す。新型コロナという緊急事態とはいえ、移動の自由という基本的人権を制限する要請についてどう説得し、受け入れてもらうか。レトリックの力のみせどころだ。

ドイツのアンゲラ・メルケル首相（当時。以下同）は同年3月18日の演説で、重症化リスクの高い高齢の親族に会いに行くことを控えるよう促す際、こう訴える。「思いやりの気持ちで、お互いの距離を保たなければなりません」。人々の感情と良心に働きかける、典型的なパトス型だ。メルケルは「私は、あなたに訴えます」「私は、制限がどれほど劇的かはわかっています」など、「私」という一人称を使用することにより、国民の苦しみを共有し、一個人として国民に協力を求めるリーダーとして自らを表象している。また「事態は深刻です。あなたも深刻に捉えてください」といったように、「あなた・皆さん」

と直接呼びかける形で行動制限への協力を訴えることにより、自らと国民との間の距離を縮め、人々に寄り添う姿勢を示している。首相と国民は、共にコロナと戦う共同体という関係が築かれている。

一方、イギリスのボリス・ジョンソン首相による3月23日の演説は、医療逼迫《ひっぱく》を防ぐために厳しい行動制限が必要である点を強調したうえで、ルールに違反した場合の処罰を言明した。コロナと闘うために「あなたは家に留まらなければいけません」と述べ、食料や薬など必需品以外の買い物に「行ってはいけない」と自制を求めた。どちらかというとロゴス型の説得だ。規制を守らないなら「警察が強制力を使う」場合や、罰金を科し、「追い散らすこともある」だろうと述べる一方、コロナは「かつてない力強さで突破」し、「打ち破る」敵として表象されている。ここでは敵を打ち破るためにやや強権的な手法もいとわない、戦時リーダーとして自らを表象している。

アメリカのトランプ大統領はどうか。3月11日に演説したトランプはメルケル同様、「私」という一人称を使用することが多い。だが、その用い方は大きく異なる。たとえば「私は、政府の保健衛生のプロと協議し、すべてのアメリカ人の健康と福祉を守るため、いくつかの強力で必要な行動をとることに決めました」と述べる。国民に寄り添う姿勢を示すメルケル型とは違い、トランプは、コロナ危機から国を守るために迅速に指示を出す、有能なビジネスマンとして自らを表象しようとしている。自らを信頼すべき人物として示し、説得を試みるエトス型といえよう。

　トランプの演説の特徴は、コロナが他者から持ち込まれた脅威として描かれている点だ。演説では「中国」と「ヨーロッパ」が5回ずつ登場し、コロナ危機は「外国のウイルス」がヨーロッパの旅行者によってアメリカに持ち込まれたものだと説明する。ここではアメリカを「我々」、外国を「彼ら」とする「我々対彼ら」という構図が作られているが、こうした他者との対立軸を設ける修辞技法は、政治リーダーが好む手法といえる。他者をスケープゴートにすることで国内の問題から目を逸らさせたり、外敵から国民を守る強いリーダーとして自らをアピールするために便利な方法だからだ。また、トランプの演説では、随所に「我々のチームは、世界で一番です」「我々には、世界最高の経済、最高水準の保健医療、最高レベルの医者、科学者、研究者があります」といった、アメリカの偉大さを強調し、国民を鼓舞するメッセージが現れる。これにはトランプの持論である「アメリカ第一主義」の思想がにじんでいる。このように、パンデミックにおける演説ひとつとっても、用いられるレトリックの戦略や手法により、その印象はかなり変わったものとなる。

「レトリックの達人」小泉・安倍両元首相

日本の政治家においてパトスに訴えかけるレトリックの使い手としてまず名前が浮かぶのが小泉純一郎元首相だ。「改革なくして成長なし」といった歯切れの良い言説や、郵政民営化などの構造改革に反対する自民党内の政敵を「抵抗勢力」と呼んで攻撃するレトリックは典型的なパトス型といえる。その特徴は自らと立場や考え方を共にする「我々」に対して、反対の立場や異論を唱える側を「彼ら」という形で分断し、「我々対彼ら」という対立構図を作って、自らの主張を正当化するものだ。トランプも好んで使用した手法だが、そのわかりやすさから、小泉のレトリックは国民の共感を得て、高い支持率を維持できた一因といえるだろう。またそれまでの首相にみられた家父長的な、国民を守る自民党という形式から逸脱した、新しいタイプのレトリックを用いる政治家の誕生だった。

その継承者といえるのが安倍晋三元首相かもしれない。アメリカの大統領にはプロのスピーチライターがおり、そのときのメッセージが最善のかたちで伝わるよう、レトリックを駆使したスピーチが用意される。それに対して日本の首相は、内閣官房や担当省庁の役人が作成した原稿を読み上げる場合が多い。国会における答弁同様、そこでは政府・役所の公式見解が正確に伝わることが重視され、レトリックで人々の心に訴えるという発想はアメリカほどにはみられない。

その例外といえるのが安倍元首相のスピーチだ。とりわけ、アベノミクスによる経済再生を目指し、海外投資家の資金を呼び込む目的で海外向けに英語で発信した講演には、さまざまな修辞技法が取り入れられている。その工夫の一端について、安倍政権下で内閣官房参与として外交政策スピーチを手掛けた谷口智彦が、著書『安倍総理のスピーチ』で明かしている。

安倍は「日本株式会社」のＣＥＯとしていわば投資家広報活動に努めたわけだが、有名になったのは２０１３年9月25日、ニューヨーク証券取引所で行った演説だ。アベノミクスにより日本経済は再生し、日本は金が稼げる投資先となったことを訴える。その際に放った、「バイ・マイ・アベノミクス」というフレーズは、海外メディアや投資家レポートで広く取り上げられた。演説を欧米メディアに取り上げてもらうためには、インパクトのあるクオート（引用）や、パンチのあるメッセージが必須だ。これぞと思うひとことがあれば、それを記事の中核に据え、見出しに使用することさえある。そうしたメディアの特性をつかんだ演説により、その政治リーダーは自らの主張を広く伝え、インパクトを大きなものにすることができるのだ。

谷口は、安倍のスピーチを通じて海外投資家に「アベノミクス」というナラティブ（物語）を信じてもらい、強い日本の復活というストーリーを構築していくことを意識したという。そのメッセージを有効に発信できた、レトリックの成功例といえよう。

確信度合いを示す「モダリティ」

ここからは本書のメインテーマである日銀の言説で用いられているレトリック手法について説明していこう。

最初はモダリティだ。これは、あることがらの真実性についての話し手の心的態度、つまりどれだけそのことがらについて確信をもって話しているかを示す概念である。たとえば「今年経済は必ず回復する」と高いモダリティを使って断定すると、将来そうなることについて話し手が強い確信をもっている印象を与える。一方、景気が「回復するかもしれない」「回復する可能性がある」といったより低いモダリティを使用すると、その可能性について自信がない、曖昧な態度をとっていることになる。政治家が自らの公約について高いモダリティで断定的に語れば、説得力が増して強いメッセージとなるうえ、強いリーダー像を印象づけることができる。

だが、高いモダリティを使用することにはリスクも伴う。自らの政策によって経済は必ず回復すると高いモダリティで訴えたものの、のちに経済が回復しなかった場合どうなるか。当初の約束と違うではないか、と非難を浴びる恐れがある。つまり自分の主張通りにことが進まなかった場合の逃げ道を断つことにより、立場が苦しくなってしまうのだ。このため意見の異なる相手に突っ込まれそうなことや、不確実な将来について予想しなければならない場合、政治家や役人のモダリティは低くなりがちだ。

役所の文書や答弁はほとんど低いモダリティで構成されているといっても過言ではない。たとえば「経済は回復するだろう」と予測するにしても、その可能性については「さまざまな不確実性がある」とヘッジすることによって、回復しなかった場合でも、その後生じた予期せぬリスクの顕在化により実現しなかったと言い訳ができる。

つまり政治家や当局者がどの程度高いモダリティを使っているかをみることにより、どれくらい確信をもって話しているのかがわかる。都合の悪いことや、あまり自信がもてないこと、なるべく責任を回避したいことについて話す場合、モダリティは低くなりがちだ。その際、曖昧な表現にするためのツールは色々ある。たとえばモダリティの低い連語（だろう、かもしれない）や副詞（恐らく）の他、不確実性を示すために用いるヘッジ用語（不確実性が高い）などが使える。つまりモダリティの高・低を分析することで、話し手がどれだけ自信をもって説明しているか、また何を強調し、何を隠そうとしているのか、ある程度推測することができる。

「メタファー」が変われば印象も変わる

もうひとつのツールがメタファー（隠喩）だ。これはあることがらについて、「〜のようだ」などの形ではなく、直接別の例を用いて表現する手法で、比喩であることを明示しないことが特徴だ。複雑な事象をわかりやすいたとえで置き換えることで、強い印象を与えたいときなどに用いられる。たとえば「人生は旅のようなものだ」といえば直喩だが、「人生は旅だ」とすればメタファーになる。この世に生を受け、成長を遂げる人間の一生は、一難去ってまた一難、突然訪れるドラマや予測不可能な事態などといった点で、旅に似ている。苦難のときも前を向いて進んでいこう、後戻りはできない、といったレトリックで国民に呼びかける際、旅メタファーは用いられる。

「議論は戦争だ」というメタファーもよく用いられる。議論は勝敗の世界であり、相手を論破し、勝利したものの主張が受け入れられる。相手の議論の立脚点（＝陣地）を攻撃するために戦略を練り、自分の陣地が守り切れない場合は、新たな戦線を開く。このように説明すると議論はそういうものであって、それ以外の説明方法はないだろうと思いがちだが、本当にそうだろうか。議論を戦争に似たものとするメタファーが自然と受け入れられることにより、議論そのものについての我々の概念は形作られてしまう。同じ議論でも用いられるメタファーが変わることで全く印象が異なってくるのだ。

たとえば、ある議論について「土台がない」「組み立てがなく、ぐらついている」という表現があるが、これは「議論は建造物である」というメタファーだ。このメタファーに立脚すれば、議論というのは相手を論破する戦いのようなものではなく、いかに壊れにくく頑健な理論を組み立てるかの方が重要に思えてくる。このようにメタファーは、ある事例を他の事例を通して理解することにより、人々の思考過程そのものを形成する重要な要因となりうるのだ。メタファーは言語だけでなく、思考や行動にいたるまで、「日常の営みのあらゆるところに浸透している」ため、人々の概念体系の本質はメタファーによって成り立っている、とする向きもある。

こうした力をもつために、政治家や当局者はメタファーを頻繁に使用する。たとえば、アメリカのトランプ前大統領はかつてメキシコとアメリカの国境に「壁」を建設し、その費用をメキシコ政府に負担させるとスピーチで述べたことがある。これは物理的な壁の建設を約束するだけではなく、壁を外からの脅威からアメリカを守る存在として表象する、メタファーの使用例といえる。また、壁を速やかに建設することができる有能なビジネスマンとして自らを表すこともでき、政治家としてのキャリアの少なさを覆い隠すことができる。メタファーを用いることで、話し手である政治家や当局者は自らにとって都合の悪い情報を隠し、アピールしたい点を際立たせることができるのだ。そしてそうしたメタファーがあまりにも日常的に使われるものである場合、聞き手はそのトリックに気づかず無意識のうちにそれが真実であるかのように思いこまされてしまう。レトリック全般にいえることだが、メタファーもまた社会を表すだけでなく、社会を構築するものといえる。

経済学とメタファー

政治家はメタファーを多用するが、金融政策を含め、経済学の世界にもメタファーはあふれている。たとえば1980年代の日米通商交渉は「貿易戦争」と表現され、現在では米中間の「貿易戦争」がよく報道されるが、これは通商対立を戦争にたとえるメタファーだ。本来、国際貿易は相互補完的で両国の経済発展に資するものだが、戦争メタファーによって一方が勝者なら相手は敗者という、いわばゼロ・サムゲームに矮小《わいしょう》化されてしまう。国内産業を守るための補助金や高率関税を正当化する際に為政者が使う、便利なメタファーといえよう。

実は経済学とメタファーは相性が良い。経済学は比較的新しい学問であるために、物理学や数学、生物学といったすでに確立された学問領域の影響を色濃く受け、メタファーもそこからの援用が多いのだ。

経済の仕組みを理論的に説明し、分析するために用いられる経済モデルの多くは物理学や数学から派生したものだ。たとえば、需要と供給がちょうど一致する「均衡点」という用語や、経済が過熱・停滞するさまを英語では「オーバーヒート」「クールダウン」と温度で表すのも、経済を動態的な存在として表象するメタファーの一種といえる。

予測が難しく、不確実性が高い景気の動きについてよく「経済は生き物だ」と表現されるが、これは経済を生物や自然にたとえる生物学系のメタファーといえよう。お金の動きについて、体中をめぐる血流や「流動性」といった水の流れにたとえることがあるが、これも経済の動きを自然にたとえるメタファーだ。

このように、見えない世界を視覚化し、わかりやすく説明するうえで、メタファーは大変便利な道具だ。経済学そのものがメタファーで構築されている、といえなくもない。このように数学的な世界と思われる経済学においても、レトリックは深く根付いている。

動物を用いたメタファーもある。日本でもおなじみだが、株式相場の上昇局面を「ブル相場」、下落局面を「ベア相場」と呼ぶ。これは市場の動きをブル（牡牛）やベア（熊）という動物を用いたメタファーで表している。また中央銀行の金融政策について、景気を刺激するために金融緩和的な政策を志向する傾向のある人物を「ハト派」と呼び、インフレの抑制を重視して金融引き締め的な政策を志向する人物を「タカ派」と呼ぶことがある。異次元緩和を導入した黒田東彦前日銀総裁はさしずめ超ハト派といえるかもしれない。一方、黒田の前任者、白川方明は様々な手段を用いて金融緩和を強化しつつも、非伝統的な政策の副作用にも警鐘を鳴らし、ややタカ派的と報道されたこともあった。白川当人は、2008年3月の副総裁就任記者会見の際（こののちすぐ総裁に就任）、バードウォッチングを趣味とする立場からは、タカ派やハト派という「安易なラベル貼りは鳥に対してかわいそう」とかわしたのは、日銀ウォッチャーの間では有名な逸話だ。

なお、ニュージーランドの中央銀行は、タカともハトとも異なる、シラサギのような金融政策が理想だとするレポートを公表したことがある。先住民族マオリのことわざによると、シラサギの飛びたつ姿は、まれにしかみることができない貴重な瞬間であり、「ひとたび準備ができたら一気に翼を広げて飛びあがる」という含意があるそうだ。転じて、金融政策についても中央銀行は必要なときには時機を逸せず、迅速に行動すべきだという。

このようにレトリックは単なる修辞学を超え、社会を人々がどうとらえるか、その印象に大きな影響を与えるものだ。政治家や当局者のレトリックを分析することにより、話し手がどの程度強い意思や確信をもって語っているか、どのようなフレームでものごとを説明しようとしているのかがわかる。自信がある事柄や自説をアピールする際には高いモダリティを用いて断定するが、自信がないときや、うまくいかなかったときのためにヘッジした曖昧表現を用いたいときは、モダリティは低くなる。またメタファーを有効に用いれば、ある事柄について自らに都合の良いフレーミングや解釈を加えることができる。話し手自身も気づかないうちに、そうしたレトリック・ツールを使っていることもある。それだけ人々の言語活動に定着した行いだということだろう。

言説分析で見えてくる権力・差別・社会の断絶

レトリックは以上で説明してきたように、説得のための言語的手段や技法のことを指すが、より広い概念であるディスコース（言説）の一種といえる。ディスコースとは文よりも大きい言葉のまとまり、さらには言語を使ったコミュニケーションすべてを指す幅広い概念だが、そうした言説がもつ権力性や、その背景にある力関係を分析する言説分析という手法がある。さまざまな学派が存在するが、1970〜80年代から発生し、近年注目を浴びている批判的言説分析は、言語に潜む隠れた不平等や力関係を暴こうとする視点がユニークだ。

同学派の第一人者であるイギリスのノーマン・フェアクラフは、言説分析の際に注目すべき視点を3つに整理する。第一に、テキストがどのような言語的特徴をもち、どういう語彙や文法を使っているかを分析する態度だ。第二に、そうしたテキストが社会の中でどう作成され、消費されていくかをみていく視点だ。そして最も重要といえる第三の視点は、テキストを通してどのようなイデオロギーや権力関係が築かれているかに注目する姿勢だ。つまりテキストは単に社会について表現する手段であるだけではなく、社会を構築するという。

この第三の視点に基づいて言説を分析すると、テキストの背後にある社会的な力関係がわかる。たとえば医者と患者との会話では、医者は権威ある存在として患者に命令口調で指示をする。それに対し、患者は通常特に反発することなく、指示を受け入れる。教師と生徒の関係も同様だ。その対話に用いられる言説には、上下関係が内在している。職業だけでなく、男女間の社会的な役割分担も言説に表れる。たとえば、未就学児が初めて登校する際の親の心得を示した教則本は「初めての登校に同伴するのは母親」という前提で書かれているものが多い。子供に「お母さんの愛情弁当」や「手作りの手提げ袋」を持たせるのが良き母親ということが前提となっている報道や広告は未だ世の中にあふれている。育児に積極的な男性は「イクメン」と呼ばれるが、女性にそのような名称はない。逆に働く女性を「キャリアウーマン」と呼ぶことがあるが、男性を「キャリアマン」とは呼ばない。社会における男女の役割に対する暗黙の了解を言説が暗示している例といえる。

このように言説を分析していくと、話し手の「隠れたアジェンダ（議題）」や差別意識がみえてくることもある。社会の不平等を内在した言説のわかりやすい例が、欧米社会における移民問題の報道だ。欧米の移民問題を扱う報道では、移民を「津波」のように「押し寄せる」外部からの侵入者として表象するものが多く、ひとりひとりの移民を個人名で紹介することは少ない。そこには移民や外国人を「他者」や下位の存在として扱う不平等な意識が潜んでいる。このような批判的な視点で言説及びレトリックを分析することにより、それまでみえなかった社会の断絶や権力関係が明らかになってくる。

「ナラティブ」の持つ力

実はさまざまなレトリックの道具を使うことにより、政治リーダーや当局者たちは自らの政策を正当化するナラティブ（物語）を作り出しているといえる。いくら修辞技法を駆使しても、中身が薄く取り留めのない内容では聞き手の心をつかむことはできない。説得力のあるナラティブがあってこそ、レトリックの力が生かされて人々の心を動かし、社会現実を構築していくことができる。

ナラティブの力をうまく生かした日本の政治リーダーは安倍元首相だろう。２０１２年12月に発足した第二次安倍政権の下で打ち出された経済政策「アベノミクス」では、大胆な金融政策、機動的な財政政策、成長戦略という「３本の矢」で日本をデフレから脱却させるというナラティブが形成された。３本の矢の中身はこれまで実施されてきた政策と大きく異なることはなく、新味はないかもしれない。だが、アベノミクスというわかりやすいシンボルネームを与えられ、３本の矢としてパッケージングされると、何か新しいものに見えてくる。長期にわたる経済低迷に対する人々の不満をすくいとり、その受け皿となる有効なナラティブとして、アベノミクスは機能したといえる。これまでの政策との違いを際立たせ、「日本は変わる」というメッセージを欲している国民の心をうまく捉えたことが、アベノミクスというナラティブが成功した要因だろう。そしてそのパーツのひとつとして、黒田総裁による異次元緩和があった。

アベノミクスによる経済再生、というナラティブは日本株を買う理屈付けがほしい海外投資家にもうまく刺さり、株価を大きく押し上げた。ナラティブが人々に受け入れられるには、タイミングも大事だ。当時から日本株の3割は海外投資家が保有しており、日本の株式市場の動きは海外投資家次第という側面がある。低迷していた株価を押し上げ、輸出に打撃となっていた円高を反転させるためには、海外投資家の力を借りる必要があった。安倍は積極的に海外で講演し、自身のナラティブを売り込んだ。ここまで露骨に海外投資家にアピールする演説をした首相は過去に例がないが、目的に照らした有効なスピーチだったといえよう。その後、岸田文雄政権も「新しい資本主義」のもと「成長と分配の好循環」を目指す、といったスローガンを掲げて経済政策を説明しているが、何が新しいのかいまいち理解しづらく、海外投資家の心にはあまり響かなかったように思われる。

中央銀行も重視するナラティブ

経済学においてもナラティブの果たす役割については研究が進んでいる。著名な米経済学者ロバート・シラーも、経済学の世界におけるナラティブの重要性に関心をもったひとりである。彼によると、バブルの生成や崩壊といった大きなショックに人々がどう反応するかは、ナラティブ次第だというのだ。

中央銀行の世界でもナラティブの存在は重要だ。複雑で不確実性の高い経済情勢をどうとらえ、どう経済モデルに落とし込んでいくか。またその結果を踏まえ、どう金融政策を運営していくか。こうした点について理解を深めていくための組織内の議論においてもナラティブが形成されていく。カナダの中央銀行の政策決定について分析した文化人類学者グラハム・スマートによると、同中銀ではまずスタッフが用意した分析資料をもとに、意思決定機関であるボードメンバーたちが議論をし、その過程でナラティブが構築されていく。大量にあるデータをもとに、経済のこれまでの動きと先行きについて、説得力のあるナラティブを形成していくのだ。同じデータでも読み方は人により異なるため、ひとつの見方に収斂《しゅうれん》するには時間がかかる場合もある。落としどころを見つけていくのが議長である総裁の大事な役割だ。

大切なのは、様々な情報について「だからどうした?」(So what?)を説得力のある形で説明できることだ。最終的にできた経済についてのナラティブに対し、最適な金融政策を判断する。その後、組織内で共有されたナラティブを対外的にどう発信していくかについて再度議論がなされるという。世間になじみの薄い金融政策について、どのように説明すれば説得力が増すか。正確であることはもちろんのこと、なるべくわかりやすい説明がいる。中央銀行は優れたストーリー・テラー(語り手)であることが必要なのだ。この一連のプロセスは、経済政策におけるナラティブの存在の大きさを示しているものといえよう。

次章では、日銀によるナラティブ形成過程や、その独特の文学の世界についてみていこう。

第2章　日銀文学は面白い

ナラティブを描く「日銀文学」

駆け出しの記者の頃、日銀を取材していると難解な経済用語ばかり登場し、まるで外国語を聞いているようだった。必死に勉強し疑問点について聞きにいくと、日銀の幹部たちは淀みなくすらすらと経済の先行きや金融政策について解説してくれる。取材が終わると自分まで頭が良くなったかのような気持ちになる反面、あまりにも完成された説明に後味の悪さも残った記憶がある。

この後味の悪さの正体が、日銀担当の経験が長くなるにつれてわかってきた。どの幹部も表現の仕方はそれぞれ微妙に異なれど、その時々の政策について皆同じような解説をする。組織として決められたナラティブ（物語）を粛々と広め、世論に影響を与えようとしているのだ。こうしたナラティブを描くために用いられる独特の言葉づかいは「日銀文学」と呼ばれる。日銀出身の大塚耕平参議院議員は国会において、日銀の仕事はその大部分が文章作りであり、日銀文学の修辞学上の巧みさによっている部分が多いと喝破した。

これは何も日銀に限ったことではない。政治家や当局者は、自らの進めようとする政策の正しさについて、世間に納得してもらう必要がある。そのためには、説得力のあるわかりやすいナラティブを通じて説明することが肝要だ。多くの人が納得する説得力のあるナラティブがあれば、マス・メディアを通じて拡散し、政策を遂行しやすくなる。半面、穴だらけでわかりづらいナラティブは、マス・メディアや政策に反対する勢力の批判にさらされ、当局者を厳しい立場に追い込んでしまう。政策とナラティブは切っても切れない関係なのだ。

１９９８年の新日銀法施行以降、日銀は2回、大きなナラティブの転換を行う。日銀の金融政策は長らくデフレや経済低迷との闘いだった。バブルが崩壊し、金融不安や景気悪化が襲う中、日銀は１９９９年2月にゼロ金利政策を導入する。その後、短期金利は下げ余地がなくなってしまったため、次々と非伝統的な金融緩和政策を打ち出さざるを得なくなる。２００１年3月には資産を大量に購入することで長期金利を押し下げる量的緩和政策を世界で初めて導入した。

いったん上向いた経済も、リーマンショックや超円高による輸出産業への打撃で再び低迷し、日銀は２０１０年10月に導入した「包括的金融緩和」のもと、異例のリスク性資産の購入に踏み切る。それでも日銀は大胆な緩和に消極的だとして、政治家から猛烈なバッシングを受け続けた。より大胆な緩和策を求める政治からの圧力にさらされ続けた時代、日銀はその要求をかわすため、「金融政策だけではデフレや景気低迷は脱却できない」「政府や民間による潜在成長力強化の取り組みが実ってこそデフレは脱却できる」といったナラティブを用いることが多かった。

だが2013年に就任した黒田総裁のもと、日銀は1回目のナラティブの大転換を行う。経済低迷への国民の不満と変化への待望を受け、当時の安倍政権が打ち出した経済政策「アベノミクス」の一環として、日銀は同年4月に「量的・質的金融緩和」(QQE)という政策を導入する。異次元緩和とも呼ばれたこの政策のもと、日銀は大量の国債やリスク性資産の買入れを実施し、2%の物価目標をおおむね2年程度で達成することを表明した。大胆な政策と期限を切った目標達成を約束することで、人々の期待に働きかけ、デフレ心理の払拭を試みたのだ。

当時の黒田総裁は、これまでの日銀の説明を否定し、「政策の逐次投入ではなく、もてる手段を一気に投入する」「大胆な金融緩和によってのみ、デフレは脱却できる」という新しいナラティブを打ち出したのだ。保守的な組織である日銀にとっては、革命的な変化だった。原油価格急落の影響もあって物価上昇率が減速し始めると、2014年10月にQQEを拡大する。さらに2016年1月、円高や中国経済減速懸念といった逆風を受けた日本の景気を支えるため、日銀はマイナス金利政策を導入した。この間も黒田総裁が築いたナラティブは生き続けた。

だが、ＱＱＥ導入から3年以上たっても物価目標は達成できず、異次元緩和による大量の国債購入が市場機能に悪影響を及ぼし始める中、日銀は2度目のナラティブ大転換を行う。それまでの「短期決戦によりデフレ心理を払拭する」姿勢から、「粘り強く金融緩和を続けることで経済再生を目指す」というアプローチに変更したのだ。この新しいナラティブのもと、日銀は２０１６年9月、「長短金利操作」（イールドカーブ・コントロール、ＹＣＣ）という政策を導入する。マイナス金利の導入により下がり過ぎてしまった長期金利をゼロ％近傍に誘導しつつ、物価上昇率2％達成に向け、持久戦に持ち込むための政策転換だった。同政策も今年3月、植田和男総裁のもとでついに終焉を迎えた。この変遷については後の章で詳述するが、本章ではこうしたナラティブの作成過程や、用いられるツールについて説明していく。

ナラティブを作る「花形」の企画局

日本銀行は日本唯一の中央銀行だが、その業務は多岐にわたる。金融政策の運営だけでなく、銀行券の発行や決済インフラの維持、国際会議での折衝や金融システム安定のための金融機関への考査といったさまざまな分野に4500人あまりの職員が従事する。

その中でも花形の部署は企画局だ。金融政策自体は総裁と2名の副総裁を含む9名からなる政策委員会が、年8回開催される金融政策決定会合で議論して決める。だが、その議論のための資料や政策の原案を用意し、執行部といわれる正・副総裁を補佐するのは主に企画局という部署の仕事だ。総裁の国会答弁や講演のドラフトを作り、決められた政策についてわかりやすく世の中に伝える、いわば金融政策のナラティブ作りも担う。経済分析を担う調査統計局や、金融市場の実務を担当する金融市場局と連携し、金融政策運営を裏方として支える実働部隊といえる。

企画局には金融政策の企画・立案やナラティブ作りを担う政策企画課、さまざまな金融政策手段の立案や金融政策制度の調査を担当する企画調整課、そして金融政策のナラティブにかかる経済理論の研究をする政策調査課が存在する。企画局は総勢50人に満たない小規模組織で、毎年入行する総合職約30名の同期のうち1、2名しか配属されない狭き門だ。

企画局に配属されることは日銀のエリートコースに乗ったに等しいが、喜んでばかりもいられない。業務は連日長時間に及び、他部署に比べても際立ってプレッシャーのかかるハードな現場だ。とりわけきついのが、総裁の国会登壇に備えた準備作業だ。先進国の中央銀行ではあまりみられない現象だが、日銀の総裁は頻繁に国会に呼ばれ、経済情勢や金融政策運営について答弁を求められる。与野党の議員から要請があれば原則応じなければならない。議員から事前に聞きだした質問内容をもとに想定問答を準備するが、業務は深夜に及ぶこともあり、ワークライフバランスは悪化していく。

しかも想定通り質問する議員ばかりではない。意表を突く質問をしたり、厳しく問いただすような態度で「想定外」の回答を引き出そうとする議員もいる。このため、霞が関の官僚たちが作成する国会答弁の鉄則は、言質を取られないようなのらりくらりとした答弁、すなわち「何かを言っているようで何も言っていない」答弁に徹することだとされる。黒田総裁は財務省出身者で長い官僚経験をもち、そのあたりは抜群に優れていた。挑発に乗らず、同じ答えを何度でも繰り返すことができた。

植田総裁「チャレンジング」発言の裏

そうはいってもハプニングは起きる。思わず発した一言がマス・メディアで大きく取り上げられ、市場を動かしてしまう場合もある。最近の例でいえば、２０２３年12月７日の参議院財政金融委員会で植田総裁が発した「チャレンジング」発言がある。同年4月に日銀総裁に就任して以降の職務についての感想や今後の取り組みを問われ、「年末から来年にかけて一段とチャレンジングになる」と答えたのだ。金融政策と特定した回答ではなかったが、あえて「年末から来年にかけて」と時期を示したため、月内あるいは2024年1月にもマイナス金利が解除されるのではないか、との観測が市場に広がった。

間の悪いことにその数時間後、数か月に一度開かれる日銀総裁と首相との会合が官邸でセットされていた。多忙を極める両者のスケジュール調整の末かなり前からセットされていた会合だが、早期にマイナス金利を解除する旨を政府に伝えたのではないか、とさらに市場の憶測が広がった。日銀にとっては、意図せざるナラティブが市場で独り歩きしてしまったことになる。想定より早く利上げが実施されるとの観測から、この日対ドルで147円台前半で推移していた円は、翌日にかけて144円台前半まで3円程度急伸した。

こうして、何気ない発言が政策的含意をもつものと受け止められることは少なくない。前後の文脈から、政策のシグナルである可能性は小さいとみていた筆者も、事態が大きくなるにつれ、不安になってくる。早速取材をしたところ、日銀はすでに手を打っていた。総裁の発言はあくまで職務一般について述べたものであり、なんら金融政策について示唆したものではないとの答えだった。誤解が広がり過ぎることを防ぐため、企画局が中心となって火消しに回っていたのだ。

このようなケースでは、記者たちを対象に実施するオフレコの懇談等で総裁の発言についての「正しい解釈」を解説し、ナラティブの修正を図ることが多い。組織として市場の誤解を修正する必要があると判断した場合、どの幹部に取材にいっても同じ内容の解説がなされ、日銀がワンボイスで動いていることがわかる。ちなみに金融政策をめぐる議論は常にチャレンジングであろうが、実際のマイナス金利解除は12月でも1月でもなく3月だった。事務方の準備は1月には完了していたようだが、春闘などの結果を慎重に見極めたい総裁の意向が働いたという。

日銀ナラティブの定型

日々変わりゆく経済情勢について正確な予測を立て、それに基づいて金融政策を決めていくことは容易ではない。将来起こりうるリスクをすべて予想することはできず、経済指標や各種サーベイ調査、金融市場の動きやマス・メディアの報道等、その時点で入手可能な情報を注意深く点検し、経済の先行きについて蓋然性の高いナラティブを練っていく。

調査統計局が集めたデータや試算をもとに、企画局が中心となって経済・物価の先行きについてのシナリオの原案を作成する。最も蓋然性の高いメインシナリオと、将来にわたって起こりうる様々なリスクを勘案したリスクシナリオが作成されるが、金融政策については主にメインシナリオに基づいて議論される。ごく単純にいえば、景気が今後冷え込む可能性があり、物価も落ち込みそうであれば、金融緩和を強化するのがふさわしいだろう。逆の場合は利上げの議論をする必要がある。蓋然性の高いシナリオに沿って経済・物価が推移した場合、もっとも適切な金融政策は何か。それをどのようなナラティブで説明するか。こうした点を最終決定する場が毎回の金融政策決定会合といえる。

日銀内で合意できたナラティブであっても、広くマーケットや社会に説明するにはそれなりの工夫が必要だ。物価の動きひとつとっても、どのような要因によるものなのかによってふさわしい政策対応は異なってくる。たとえば、原材料価格の高騰を転嫁するコスト・プッシュ型の物価上昇の場合、原材料価格の上昇が一服したら物価は落ち着くかもしれない。そうであれば一時的にインフレが加速したからといって、即利上げしてしまうのは望ましくない。見かけ上の物価は上昇していても利上げが望ましくない場合、その理由について国民が納得できる説明が必要となる。

2023年、資源価格高騰によって日本の消費者物価が2%を大きく超えて上昇した際、日銀はコスト・プッシュ型のインフレ圧力を「第一の力」、賃金上昇や需要の強さなど、望ましい物価上昇を起こすものを「第二の力」と定義し、後者の盛り上がりを確認できるまでは金融緩和を縮小しないと説明した。実際には「第一の力」と「第二の力」は混在しており、厳密に切り分けることは難しいのだが、複雑な現象を平易に説明するには便利な分類方法といえる。このように日銀は自らの金融政策についてわかりやすく説明できるよう、様々な工夫を重ねている。では、そうしたナラティブを日銀はどのような場面で広めているのだろうか。

ナラティブ形成の場としての記者会見

先述の例のように国会での答弁は議員の都合で呼ばれ、議員の関心事や都合によって質問内容が決められてしまう。総裁は議論の主導権を握っているわけではないため、日銀が主体的にナラティブを語る場としてはふさわしくない。国会ではとにかく失言を避け、安全運転に徹することが最も重要だ。

日銀が自ら伝えたいことを能動的に発信する機会は別にある。そのひとつが記者会見だ。

日銀は年8回開催される金融政策決定会合において次回までの金融調節方針を決めるが、総裁は会合終了後の同日午後3時半に記者会見を開き、決定の内容やその理由、背景にある経済・物価情勢について説明する。多くの場合、事前に用意された文章を冒頭に総裁が読み上げたのち記者との質疑応答に入るが、冒頭説明に日銀として訴えたいメッセージが込められていることが多い。ときには質問に回答する形でメッセージが発せられるケースもある。

いずれにせよ、総裁のもとには広報担当の部署が記者へのヒアリングで集めた想定質問リストをもとに、各担当部局が準備した分厚い想定問答集が用意される。総裁は政策委員会という日銀の最高意思決定機関の議長として会見に臨む。つまり、個人としての見解ではなく、ボードを代表して話さなければならないということだ。このため、ボード内で意見が分かれているテーマや、機微に触れる金融政策の先行きなどについての発言は慎重になりがちだ。

各種レポートから読み取れる日銀の関心事

もうひとつ重要なナラティブ形成の場は日銀が公表する各種レポートだ。日銀では8回の金融政策決定会合のうち4回（1・4・7・10月会合）において、先行きの経済・物価見通しやリスクを詳細に点検し、そのもとでの金融政策運営の考え方を整理した「経済・物価情勢の展望」、いわゆる「展望レポート」を決定し、公表する。中長期的な金融政策の方向性を記した、日銀のレポートの中ではもっとも重要なバイブル的存在だ。

「基本的見解」とよばれる概要でも10ページ以上、背景説明も入れた全文は50ページほどにもなる大部だが、一文ごとに細部まで練り上げられた日銀文学の代表作といえる。これを読めば、経済・物価・金融情勢についての日銀の判断や先行きについての予測だけでなく、将来起こりうるリスクや金融政策についての基本的な考え方がわかるようになっている。

また日銀の職員や、日銀のシンクタンクである金融研究所所属の学者が執筆した論文も公表されている。とりわけ「日銀レビュー」と名付けられたシリーズは重要だ。日銀にとって重要なテーマについて職員が調査し、その内容を平易に解説している。ほんの数ページの短いレポートだが、金融政策上重要な論点について、学術的観点から分析している。レポートの最後には必ず「レポートで示された意見は執筆者に属し、必ずしも日本銀行の見解を示すものではありません」と但し書きがあるが、レビューでどのようなテーマが取りあげられているかをみれば、そのときの日銀の関心事が読み取れる。つまり日銀が紡ぎたいナラティブをどのように理論的・実証的に裏付けるのか、ヒントが隠されているのだ。

たとえば2022年11月には企業の価格設定スタンスについて、2024年2月には賃金・物価の関係性について分析した「日銀レビュー」が公表された。低インフレが長く続いた日本だが、コロナ・パンデミックによる供給制約やロシアによるウクライナ侵攻で原材料価格が高騰し、その余波で物価が上がり始めた。値上げがタブー視された日本においてようやく企業が価格を持続的に上げ始めるのか。物価高は持続的な賃金の上昇につながるのか。両レポートが扱うテーマは、いずれも利上げを正当化するうえできわめて重要なポイントだ。

日銀レビューとは異なるが、最近では2024年7月に地域の中堅・中小企業における賃金動向を分析したレポートも公表された。賃上げが広がりを持ち、賃金と物価が共に持続的な形で上がる姿を描けるかどうか。利上げのタイミングを判断するうえで重要なこのテーマについて、日銀が理論武装を着々と進めている様子がうかがえる。

総裁講演でナラティブを発信

ただ、こうしたレポートや論文に関心を寄せ、直接内容を熟読する国民は多くはないだろう。日銀がより幅広く自分たちのナラティブをマーケットや社会に伝えるためには、マス・メディアに取り上げてもらえるステージが必要だ。その最たるものが総裁講演だ。社会の多様化を反映し、講演のテーマは気候変動、中央銀行デジタル通貨と幅広いが、もっとも注目され、日銀として力をいれるのは金融政策を扱う講演で、おおむね年4回から6回程度行われる。

国内での講演は共同通信社や時事通信社が主催する「きさらぎ会」「内外情勢調査会」といった会員向け勉強会のセミナーや日本記者クラブで実施されるほか、総裁が大阪と名古屋の財界と懇談する会（大阪は通常9月、名古屋は11月ごろ）や、毎年12月に開催される日本経済団体連合会（経団連）審議員会でも行われる。こうした、ほぼ定例で毎年実施される講演の原稿を用意するのは企画局職員だが、いかにわかりやすく日銀のナラティブを展開できるか、腕の見せどころだ。

会場によって聴衆は異なるが、多くの場合、金融・財界の幹部やエコノミストが占める。だが日銀が発信する相手として意識するのは会場にいる聴衆よりも、マス・メディアの報道を通じてその講演の内容を受け取るマーケットや一般社会だ。このため、そのときの金融政策について日銀が届けたいメッセージをいかに幅広く伝えるか、市場に生じている誤解をいかに解くかがポイントとなる。講演の原案作成は企画局の中堅職員が輪番で担当し、上司である課長・局長・理事の厳しいチェックと修正を経て、総裁の手元にわたり、最終確認が行われる。

総裁講演の構成には一定のパターンがある。まず経済・物価の現状について説明したのち、先行きのメインシナリオとリスクについて述べる。続いて現在の金融政策についての背景や考え方について解説したうえで、先行きの政策についての指針が示される。たとえば現在の金利水準がどの程度の期間維持されうるのか、どのような条件が整えば政策変更が検討されるのかといった点についての説明が最後にくるということだ。

ナラティブは同じ人たちが作っている

こうした講演や想定問答作成といった文章力、つまりナラティブを語る能力は、日銀で出世するうえで必須のスキルといわれる。企画局で頭角を現した職員は他部署に異動になっても数年で企画局に戻り、課長、その上の審議役、そして局長になるものもいる。その人数は少なく、同じような顔触れで講演作成を担い続ける構図が出来上がる。かつての企画局の中堅が課長になり、その上の局長や理事も企画局出身となれば、作成する文章の構成やスタイルも似通ってしまう。講演作りは少数精鋭の職人芸なのだ。

そうした職人のひとりが1986年（昭和61年）入行、現副総裁の内田眞一だ。日銀生え抜きの内田は、そのキャリアのほとんどを企画局で過ごし、同局の参事役・局長、担当理事を経て2023年3月に副総裁に就任した。何十年も講演原稿に携わったこともあり、行内で彼の右にでるものはいないといわれる。その講演原稿の特徴は歯切れの良さ。「対外的に言えることははっきり言う。言えないことはあえて言おうとしない」スタイルは切れ味が鋭く論点が明快だ。ベテラン記者ともなると、講演原稿を一読しただけで誰が原案を作成したか見抜けるという。筆者はまだその域に到達しておらず、事後的に判明したものだけでも的中率は20～30％位だろうか。

日銀文学の真骨頂は「情勢判断」

これまで紹介してきた日銀の記者会見、レポートや講演はどれも技術的な専門用語や曖昧な表現であふれている。金融政策担当の経済記者やエコノミストでも戸惑う独特の文章は、そのわかりにくさもあり、いつしか「日銀文学」と呼ばれるようになった。

ただ完全に理解不能では公表する意味がない。その文法やパターンを頭に入れておけば、日銀がどの程度自らの予測に自信を持っているのか推察できる。わかる人にはわかる、ちょっと柔らかい官僚文章といったところだろうか。以下、日銀のナラティブやレトリックを理解するうえで不可欠な日銀文学について具体例をもとに解説したい。

日銀文学の真骨頂は「情勢判断」とよばれる、日銀の経済・物価についての現状評価や予測を記述した文章だ。金融政策決定会合後に発表される対外公表文（声明文）や、前述の展望レポートに記載されるその判断には、日銀の景気に対する強気度が透ける。景気の現状や先行きに強気であればあるほど将来の利上げの可能性は高まり、弱気であれば追加緩和の可能性が高まるだろう。このため、そのトーンの小さな変化に市場関係者は一喜一憂することになる。

日銀の情勢判断は一般の感覚より若干楽観的なバイアスがかかっているというのが、長く取材をしてきて感じる印象だ。よほど深刻な悪化でない限り、景気は「持ち直している」か「回復している」といった表現になる。

たとえば２０１５年第４四半期、消費の落ち込みや海外経済減速による輸出・生産の不振により国内総生産（ＧＤＰ）は年率で０・８％も落ち込んだ。だがその当時、日銀の景気判断は「緩やかに回復している」という楽観的なものだった。翌2016年の1月、日銀はマイナス金利政策を導入して金融緩和を強化した。その予兆は情勢判断から読み取れたのだろうか。

2015年の情勢判断を振り返ると、日銀は5月から8月まで「景気は緩やかな回復を続けている」と表現していた。それが9月には「輸出・生産面に新興国経済の減速の影響がみられるものの」という留保条件が加わった。景気回復シナリオは維持したいが、輸出・生産関連の統計にみられる弱さを無視できなくなっていたのだ。このように留保条件が加わるときは、経済の先行きに黄信号がつき始め、日銀が自らの情勢判断に自信がもてなくなっている場合が多い。雲行きが怪しくなると情勢判断の文章はどんどん長くなり、歯切れが悪くなっていく。日銀文学の特徴のひとつだ。

そして、2016年1月29日。日銀は留保条件付きの回復という情勢判断を維持したまま、マイナス金利政策導入を決断した。理屈上は「自分たちの回復シナリオは間違っておらず、将来の景気腰折れリスクに未然に対応した」という説明になっているが、数か月前から漂っていた景気の暗雲が政策判断に影響したことは間違いない。

便利なヘッジ用語たち

日銀文学の辞書にはこのほかにも、経済が想定通りに推移しない場合に使える便利な用語があふれている。実際の使用例をみてみよう。

2016年1月30日の「展望レポート」抜粋（前日マイナス金利政策導入）

「わが国の景気は、輸出・生産面に新興国経済の減速の影響がみられるものの、緩やかな回復を続けている」

2016年3月15日の声明文抜粋（マイナス金利導入後初の会合）

「わが国の景気は、新興国経済の減速の影響などから輸出・生産面に鈍さがみられるものの、基調としては緩やかな回復を続けている」

……違いにお気づきだろうか。3月の声明文では経済が回復しているとの見方は維持しつつも、「基調としては」という枕詞が加わっている。この一言を加えるかどうかで多くの議論が行内でなされる重要な変化だが、ぱっとみただけでは、景気についての上方修正なのか下方修正なのか判然としない。

会合終了後、景気判断の真意を問われた黒田東彦総裁は「新興国経済の減速の影響がはっきりしてきたので、若干の修正になっている」と説明した。この解説と総合して考えると、実質的に判断を下方修正したと理解できる。マイナス金利を導入したのちしばらくは景気に回復の兆しは見えず、判断を弱気化したものと思われる。

すごいトリック

日銀文学が登場するのは情勢判断だけではない。金融政策についての文章にも頻繁に登場するが、そこには政策運営をめぐる日銀の建て前と本音が見え隠れする。特に自分たちの実施してきた政策にほころびがみえてきたとき、出現頻度は上がっていく。

異次元緩和導入から3年たった２０１６年。物価目標は未達のまま大量の国債を買い続けることの限界が見え始め、日銀は政策の軌道修正を余儀なくされる。その際使われた日銀文学をみてみよう。

日銀は同年9月21日、日銀当座預金へのマイナス金利政策を維持するとともに、10年物長期国債金利の誘導目標をゼロ％程度に設定する「長短金利操作」（イールドカーブ・コントロール）という政策を導入する。短期と長期の金利をくぎ付けにすることによりイールドカーブの形状をコントロールするという世界初の実験的政策だ。日銀はこの政策を、より粘り強く金融緩和を続けられるようにするための枠組みであると説明した。物価目標がなかなか達成できない中、「2年で2％物価目標達成を目指す」という短期決戦型から、副作用に配慮しつつ、じっくり緩和を続ける長期戦型へと政策を転換する必要があったのだ。それまでの量を主体とした政策から金利を軸とした政策に移行することで、無理が生じ始めた大量の国債買入れを減らすこともできる。

だが、物価目標は未達のままで簡単には緩和の縮小に動けない。大規模緩和から後退している印象を与えずに、国債の買入れを減らしていくにはどうするか。その矛盾を解消するため、日銀がイールドカーブ・コントロールと同時に導入したのが「オーバーシュート型コミットメント」という約束だ。

どのような約束か。声明文には「マネタリーベースについては、消費者物価指数（除く生鮮食品）の前年比上昇率の実績値が安定的に2％を超えるまで、拡大方針を継続する」とある。要はインフレが継続的に2％を超えている状態になるまでマネタリーベース（日銀が世の中に直接供給するお金の量）を増やし続けます、ということだ。

この約束は、金利を軸とした政策に移行する際、量の拡大による緩和効果を重視するリフレ派とよばれるボードメンバーたちの賛成を得るための妥協の産物として導入された。だが、物価目標が未達であったにもかかわらず、マネタリーベースが前年同月比で縮小していた時期があった。その際、エコノミストの一部には「オーバーシュート型コミットメント」は修正・撤廃されるのではと予想する向きもあったが、結局維持された。

ここにトリックがある。日銀が約束したのは拡大「方針」を継続することであって、常に前年同月比のプラスを維持することではない。一時的にマネタリーベースの拡大ペースが落ちても、トレンドとして増加し続けていたり、将来また増加する見込みがあれば問題ないという解釈だ。「方針」という2文字を挿入することで政策の柔軟性を確保できるのだ。何か約束はしているものの、抜け道が用意されているのが日銀文学の特徴だ。

異なる経歴や考え方をもつ9人のボードメンバーたちの意見を集約するのは容易ではない。全員あるいは多数のメンバーが同意できる落としどころを探るうちに、制度そのものが複雑化してしまう場合もある。読み方次第でさまざまな解釈ができる曖昧な日銀文学は、そうした政策決定プロセス上不可欠なツールなのかもしれない。

便利ワード「めど」

なお、日銀はイールドカーブ・コントロール移行後も長期国債の買入れを継続したが、その約束にかかわる文言も微妙に修正した。以下、移行前の2016年7月の声明文と、移行を決めた9月の表現を比較してみよう。

2016年7月29日の声明文抜粋（金融緩和を強化）
「保有残高が年間約80兆円に相当するペースで増加するよう買入れを行う」
2016年9月21日の声明文抜粋（イールドカーブ・コントロール導入）
「概ね現状程度の買入れペース（保有残高の増加額年間約80兆円）をめどとしつつ、金利操作方針を実現するよう運営する」

9月の声明文には「概ね」「めど」などという日銀文学の頻出ワードが加わっている。異次元緩和で大量の国債を買入れ続けた結果、日銀は国債発行残高の半分近くを保有してしまい、これまでのペースで買入れを続けることは難しくなっていた。だが、大量の国債購入の継続を主張するリフレ派のボードメンバーたちは、80兆円という数字を残すことにこだわった。妥協の産物として生まれたのがこの表現だ。「めど」とすることで80兆円というペースはあくまで目安となり、情勢次第で買入れを減らすことも可能となる。

なお、2018年7月に実施した「強力な金融緩和継続のための枠組み強化」とよばれた政策修正の一環として、声明文には国債の買入れについて「弾力的」に実施する、という一言が加わった。一定額を固定的に買入れるのではなく、必要なだけ買う。はっきりとは書かないが、情勢が許せば買入れを減らすこともあり得ることを示唆している。

このように「80兆円」という数字は残りつつも、日銀文学によりこの約束は実質的に骨抜きにされていった。日銀は買入れ額の削減を着々と進め、この文言が声明文から削除される2020年4月には年間15兆円まで保有残高の増加ペースは落ちていた。表向きは異次元緩和を維持しつつ、無理をきたしていた大量の国債購入のペースを落とすうえで、日銀文学は便利なレトリック・ツールとして機能したといえよう。

植田総裁下でどう変わったか？

2023年4月に植田和男総裁が就任すると、日銀は速やかに異次元緩和の解体に動くのではないかと市場の期待は高まった。その足取りは市場の予想より遅かったかもしれないが、実際、新総裁のもと日銀は異次元緩和の修正を着々と進めていく。

最初に手掛けたのが、イールドカーブ・コントロールの修正だ。2023年7月に10年物国債金利の目標である「ゼロ％程度」に設けていた上下0・5％の変動幅を、縛りの弱い「目途《めど》」に変更し、長期金利がより市場実勢を反映して動けるようにした。同年10月には長期金利の上限としていた1・0％を「目途」に変更し、実質的にイールドカーブ・コントロールを形骸化した。ここでも日銀文学の頻出ワード、「目途」が大活躍している。

こうした措置は実質的に長期金利の上昇を容認することになるため、経済・物価情勢がそれなりに上向いていないと実施できない。この間、日銀の情勢判断はどのように変化していたのだろうか。

2023年6月までの判断は「わが国の景気は、既往の資源高の影響などを受けつつも、持ち直している」というものだった。これが7月会合では、「緩やかに回復している」というすっきりとした表現に変わった。留保条件を削除し、「持ち直し」から一段階強気な表現である「回復」に変更されている。イールドカーブ・コントロール修正第一弾を決定した7月会合時点で、日銀は景気回復への自信を強めていたことがわかる。

その後、日銀は「緩やかに回復している」という判断を維持したまま10月にイールドカーブ・コントロールの運用をさらに柔軟化し、次の一手であるマイナス金利解除のタイミングを虎視眈々《こしたんたん》と狙う。誤算だったのが消費や生産の予想外の弱さだったが、早期解除に向けすでに動き出していた手前、後戻りはできない。春闘における賃上げで所得が増えれば家計はいずれ消費を増やすだろうとの想定のもと、日銀は２０２４年３月の金融政策決定会合でマイナス金利を解除し、17年ぶりの利上げを決断した。「一部に弱めの動きもみられるが」との留保条件を付けたものの、「緩やかに回復している」との景気判断は変えなかった。

記者泣かせの難解声明文

２０２４年３月19日。日銀はマイナス金利政策をはじめ、それまでの異次元緩和のもとで導入されたさまざまな政策を撤廃する政策の大転換を決めた。この歴史的瞬間に立ち会えるのは記者冥利に尽きるが、大ニュースを速報する際に立ちはだかるのが、難解な日銀文学満載の「対外公表文」（声明文）だ。

声明文とは毎回の決定会合後に公表される、金融政策についての決定内容を記した文章だが、専門用語が並び、ぱっとみただけで内容を理解することは難しい。ちなみに３月19

日に公表された声明文のタイトルは「金融政策の枠組みの見直しについて」というもの。声明文のどこを読んでも、はっきりと「マイナス金利を解除しました」とは書かれていない。該当箇所に目をやって、情報をつなぎ合わせて判断するしかない。

冒頭には、「これまでの『長短金利操作付き量的・質的金融緩和』の枠組みおよびマイナス金利政策は、その役割を果たしたと考えている」と書かれている。どうやら「役割を果たした＝終了」ということらしいが、「役割を終えたので終了します」とは記されていない。そのように書くと「この政策は失敗だったのでなくなる」という印象を与えてしまうことを恐れたのだろうか。本当にマイナス金利は解除されたのか、どのような新しい政策になったのか、まだ判然としない。

そこで声明文の以下の箇所で確認することになる。

（1）金融市場調節方針（賛成7反対2）

次回金融政策決定会合までの金融市場調節方針は、以下のとおりとする。

無担保コールレート（オーバーナイト物）を、0〜0・1％程度で推移するよう促す。

なお、脚注には小さく「日本銀行当座預金（所要準備額相当部分を除く）に0・1%の付利金利を適用する」と書いてある。

ちなみに前回1月会合までの声明文には、以下の記載があった。

（1）長短金利操作（イールドカーブ・コントロール）

次回金融政策決定会合までの金融市場調節方針は、以下のとおりとする（全員一致）。

短期金利：日本銀行当座預金のうち政策金利残高に▲0・1%のマイナス金利を適用する。

長期金利：10年物国債金利がゼロ%程度で推移するよう、上限を設けず必要な金額の長期国債の買入れを行う。

両者を比較すると、これまではマイナス0・1%の金利を当座預金に適用する政策だったが、今回の決定で、短期の政策金利は無担保コールレートに変更されたことがわかる。脚注の情報も勘案すると、日銀は今後当座預金に0・1%の付利を適用することによって、新しい短期金利目標である無担保コールレートを0〜0・1%程度の水準に誘導することがわかる。ここで初めてマイナス金利が撤廃されたことが確認できた。なお、1月会合の声明文までは存在した、長期金利についての文言はひっそりと削除されていた。このことをもって、イールドカーブ・コントロールも終焉したことが確認できる。

このような大きな政策変更がありそうな場合、われわれ記者は取材するだけでなく、会合当日までに入念な準備が必要だ。当座預金や付利といった専門用語をどう英訳し、わかりやすく説明するか下調べをしておく。通信社の場合、政策決定の内容について一秒でも早く速報するために、「マイナス金利解除」「イールドカーブ・コントロール撤廃」など、想定されるシナリオをもとにいくつもの予定原稿を事前に用意する。

かくのごとき苦闘の末マス・メディアによって報道される内容は一般読者にもわかるよう、かなりかみ砕いた説明になっている。それでも内容は難解だ。日銀が実施する「生活意識に関するアンケート調査」には、日銀の外部に対する説明への評価を聞く項目があるが、2024年6月の調査では、日銀の説明が「わかりにくい」とした回答者は53%にのぼり、「わかりやすい」とした回答者はわずか7%だった。

事前のシグナルはあったのか

異次元緩和から脱却し、金融政策の正常化に向け一歩を踏み出した日銀だが、この政策の大転換を予告するシグナルは出ていたのだろうか。実は、展望レポートや幹部の講演には事前に様々なヒントが仕込んであった。それをキャッチした記者や市場関係者にとって、今回の決定は極めて予見可能性の高い政策変更だったといえる。

金利の引き上げは金融機関や企業、住宅ローンを組んでいる家計など、多くの主体に影響が及ぶ。利上げのタイミングが近付いていることを示唆することで、市場関係者や金融機関に準備を促すことが必要だったのだろう。ただ、そのシグナルは日銀文学を通じて出されたため、簡単にわかるものばかりではない。

たとえば2024年1月に公表された展望レポートには、マイナス金利解除が秒読みに入ったことを示す一文が加わっていた。日銀は物価目標の持続的・安定的達成が見通せるようになったら金融緩和の修正に動くと発信していたが、その蓋然性（確度）についてはは明確な言及を避けていた。だが1月のレポートでは、その蓋然性について「先行きの不確実性はなお高いものの、こうした見通しが実現する確度は、引き続き、少しずつ高まっている」と踏み込んだのだ。

さりげなく挿入されていて見落としてしまいそうなこの一文だが、日銀文学のエッセンスが詰め込まれている。「先行きの不確実性はなお高いものの」と留保条件を付け、想定通り事が運ばなかったときのためにヘッジをしている。一方、「見通しが実現する確度は、引き続き、少しずつ高まっている」という箇所では、（自分たちが予想した通りの）前向きな経済の動きが今後も続くことについて、日銀が自信を深めていることがわかる。マイナス金利解除の条件が整いつつあることを暗に伝えているのだ。ただ、見通し実現の確度は「少しずつ」高まっているとも述べ、利上げの判断はあくまで慎重に時間をかけて行うというシグナルも送っている。

政策変更の予兆は他にもあった。前回2023年10月の展望レポートにはなかった、サービス価格の「緩やかな上昇」についての記述が加わったのだ。物価上昇が賃上げにつながる流れだけではなく、将来の賃金コスト上昇を企業がサービス価格に転嫁し始めている点について、日銀が評価していたことがわかる。3月会合の声明文では、サービス価格の緩やかな上昇を確認できたことが政策変更にいたった要因のひとつとして挙げられている。サービス価格の動向は、今後の利上げタイミングにも重要な影響を及ぼすと思われる。

また、1月展望レポート（基本的見解）の中盤部分には「賃金と物価の好循環は強まっていくとみられる」とのくだりがある。物価高を受けて企業が従業員の賃金を引き上げ、その原資を得るために企業はさらに値上げを進める。賃上げで所得が増えた家計は値上げを受け入れられるため、値上げが継続する。この流れがいわゆる「賃金と物価の好循環」だ。この循環が根付いてこそ持続的に2％の物価目標を達成することができ、マイナス金利を解除できるというのが植田日銀のナラティブだった。

この好循環が強まるだろうと予想することで、マイナス金利解除のタイミングが近いとのシグナルを出したのだ。実際のところ、3月会合の声明文で日銀は「好循環の強まりが確認されてきて」いると記している。自らの描くナラティブ通りに経済・物価情勢が動いているかどうか、慎重に確認しながら政策変更のタイミングを見定めていたことがわかる。

内田副総裁が示した「ゴーサイン」

1月展望レポートのヒントを、よりわかりやすくはっきりとした形で示したのが内田副総裁による2月8日の講演だ。サービス価格が緩やかに上昇していること、賃金と物価の好循環が強まっていることを挙げたうえで、賃金上昇を伴う望ましい形で2％の物価目標を実現する見通しの確度は「少しずつ高まっています」と述べ、展望レポートで示したキーポイントを整理している。そのうえで、異次元緩和を脱却したのちの政策の絵姿を詳細に説明しているのだ。いわばマイナス金利解除の「ゴーサイン」を出したも同然だ。

講演では、①マイナス金利を解除した後は、短期金利の政策目標は無担保コールレートに戻る可能性が高いこと、②大規模緩和の一環として買入れていたリスク性資産の買入れは停止すること、③イールドカーブ・コントロールは廃止するが、国債買入れの規模は大きく減らさないこと、などが淡々と述べられている。政策変更にまつわるヒントの大盤振る舞いだ。これを読めば、日銀が3月の次回会合にも政策変更を決断する可能性が高いことがわかるうえ、政策変更の内容についてもある程度予想がつく。

また内田副総裁は、将来について「どんどん利上げをしていくようなパスは考えにくく」、緩和的な金融環境を維持していくことになるだろうとも述べていた。マイナス金利解除を決めた3月会合の声明文にはこの発言内容にほぼ沿った、「当面、緩和的な金融環境が継続する」との一文が入っていた。

市場ではこの文言をもって、日銀の次の利上げは当分先だろうとの予測が広まった。ただ、より詳細に読むと必ずしもそうは言えない。くだんの部分をより正確に引用すると、今後の政策について「現時点の経済・物価見通しを前提にすれば、当面、緩和的な金融環境が継続すると考えている」と記してある。「現時点の経済・物価見通しを前提」にしているため、その前提が変わればいつでもさらなる利上げに動くことはできる。また、「当面」という幅のある表現を使用することでいつでも利上げに動けるよう、政策の柔軟性を確保している。しばらく低金利を続ける約束をしているようにみせつつ、将来の利上げの余地を残す、いかにも日銀文学らしい表現といえる。企画局畑が長く、金融政策の実務に精通している内田副総裁の発信からは今後も目が離せない。

以上、奥深い日銀文学の世界をみてきたが、内田副総裁の講演のように歯切れよく将来の金融政策について語るものと、ヘッジを多用した情勢判断や声明文では、読み手が受ける印象はかなり異なる。その差を生むレトリック・ツールのひとつが、モダリティだ。

次章では、日銀総裁の講演をモダリティの観点から読み解いていく。

第3章　モダリティにあらわれる日銀総裁の強気と弱気

何かが違った黒田節

筆者は記者として日銀を長年担当してきたが、異次元緩和導入時、黒田総裁の記者会見をカバーしたときの衝撃は忘れられない。2013年4月4日、量的・質的金融緩和（QQE）という大規模な金融緩和策の導入を決めた際、黒田総裁はそれまでの曖昧な日銀文学とはまったく異なる歯切れのよい、パンチの利いたメッセージを次々と放っていった。戦力の逐次投入はせず必要な措置はすべて動員し、2％の物価目標を2年で「達成できる」と明言したのだ。

日銀総裁の会見では異例だが、自らの提案でスタッフにパネルまで用意させた。「物価安定の目標は2％、達成期間は2年、マネタリーベースは2年間で2倍」と書かれ、数字の「2」の部分は赤字にされている。そのパネルを手に、デフレ脱却の必要性を時に語気強く訴える姿は、変化を求める世論を背に独特のオーラを放っていた。

それまでの総裁会見から受ける印象とは明らかに違う。では具体的に何がどう違うのか。なぜそうした違いが生まれるのか。考えていくうちに気がついたのが、黒田総裁の独特な断定的表現だった。モダリティが関係しているのではないか、と感じたのだ。

第1章で紹介したように、モダリティとは、あることがらの真実性について話し手がどれだけ確信をもって語っているかを示す概念だ。高いモダリティを用いて「この金融緩和政策は必ず効く」と言えば、政策の有効性について強い確信をもっている印象を与えられる。

一方、その効き具合に自信がない場合、「この金融緩和政策は効くかもしれない」といった、より低いモダリティを使用すればよい。前提条件を加えることで、モダリティを低くすることも可能だ。たとえば、「企業が低金利環境を活用して投資を増やせば、この緩和策は成功するだろう」とすれば、モダリティは低くなり、緩和策が想定したほどには効かなかったときのためにヘッジできる。

中央銀行は基本「低モダリティ」

中央銀行のモダリティは基本的に低めだ。通常、金融政策の効果が経済に現れるには、半年、長ければ1年かかるといわれている。このため、現在入手できる情報をもとに、経済の先行きを予測しながら最適の政策を考えなければならない。そのような不確実性を前に、先行きの政策について断定的に語ることは難しい。

しかも2008年のリーマンショックや2020年の新型コロナ・パンデミックのように、世界的な危機は予告なく襲ってくる。あらかじめ予想できたイベントであっても、経済に予想外に大きなダメージを与えることもある。さまざまなリスクを前に政策運営する以上、将来については曖昧な表現で逃げ道を作っておきたくなるのは当然だろう。

日銀も基本的に低いモダリティを使っていたのだろうか。モダリティという切り口で歴代総裁の講演を分析すれば、黒田総裁の発言に感じた異質性の正体を明らかにできるかもしれない。この問題意識から、以下では各総裁の講演をモダリティの観点から分析・比較する。

分析の対象と手法

日銀の歴史は明治時代にまでさかのぼるが、現行方式で金融政策を決めるようになったのは、1998年に新日銀法が施行され、制度上政府から独立して政策判断するようになってからだ。本章では、そのもとで総裁を務めた以下の4名を対象に分析する。

速水優《はやみまさる》（1998年3月20日〜2003年3月19日）

福井俊彦（2003年3月20日～2008年3月19日）
白川方明（2008年4月9日～2013年3月19日）
黒田東彦（2013年3月20日～2023年4月8日）

日銀がホームページ上で公表している講演、計482本のうち、金融政策を中心議題としている134本を抽出した。また、在任期間の長い黒田総裁については、政策転換の影響をよりわかりやすく比較するために、二つの時期に分けた。ひとつは、異次元緩和により人々の期待に働きかけることを前面に押し出していた前期（2013年3月20日～2016年)。もうひとつは、2016年9月のイールドカーブ・コントロール導入以降、日銀が異次元緩和から後退していった後期（2017年～2023年4月8日）だ。

なお、2023年4月に就任した植田和男総裁については、任期途中で他総裁と比較するにはデータが不足しているため、後の章で別途紹介する。

モダリティは「気合」の差

モダリティを分析すれば、将来ある出来事が起きる可能性についてどの程度確信を持って語っているかがわかる。たとえば、「必ずデフレを脱却します」と高いモダリティを用いれば、日銀の強い本気度を示せる。一方、「デフレを脱却できるかもしれない」といった低いモダリティでは脱却の可能性への確信度は低くなる一方、うまくいかなかったときの逃げ道を残すことができる。

モダリティにはさまざまな分類があるが、ここではある事柄の真実性や将来の可能性についてどれだけ強く断定しているかを示す「蓋然性モダリティ」に焦点を当てて見ていきたい。

モダリティの高さを分類するときの基準や事例は、87ページ上の表にまとめてみた。分析した結果は、同ページ下のグラフの通りとなった。

黒田前期のモダリティが突出して高いことがわかる。とりわけ高いモダリティが多いのが、QQEを導入した2013年や、マイナス金利政策を打ち出した2016年だ。大胆な金融緩和策を打ち出す際、その効果をアピールするために断定調の強いメッセージを放っていたことがわかる。

グラフをみると、もうひとつ気づくことがある。黒田後期にはモダリティが急低下し、言説に大きな変化が生じていたのだ。この変化の裏には何があるのだろうか。前期の高い

蓋然性モダリティの定義と具体例

	高モダリティ	中モダリティ	低モダリティ
定義	将来について断定、高い可能性を示す	可能性は示唆するものの断定しない	可能性が低く、確信が持てない
具体例	必ず実現する	実現するとみている	実現するかもしれない
その他の例	当然・はずだ・する可能性が高い	する方針だ・思う・考えられる	恐らく・不確実性が高い

分析したサンプル（文）の総計はそれぞれ以下の通り。

速水（940）・福井（721）・白川（1196）・黒田前期（1753）・黒田後期（1134）。

歴代総裁の蓋然性モダリティ

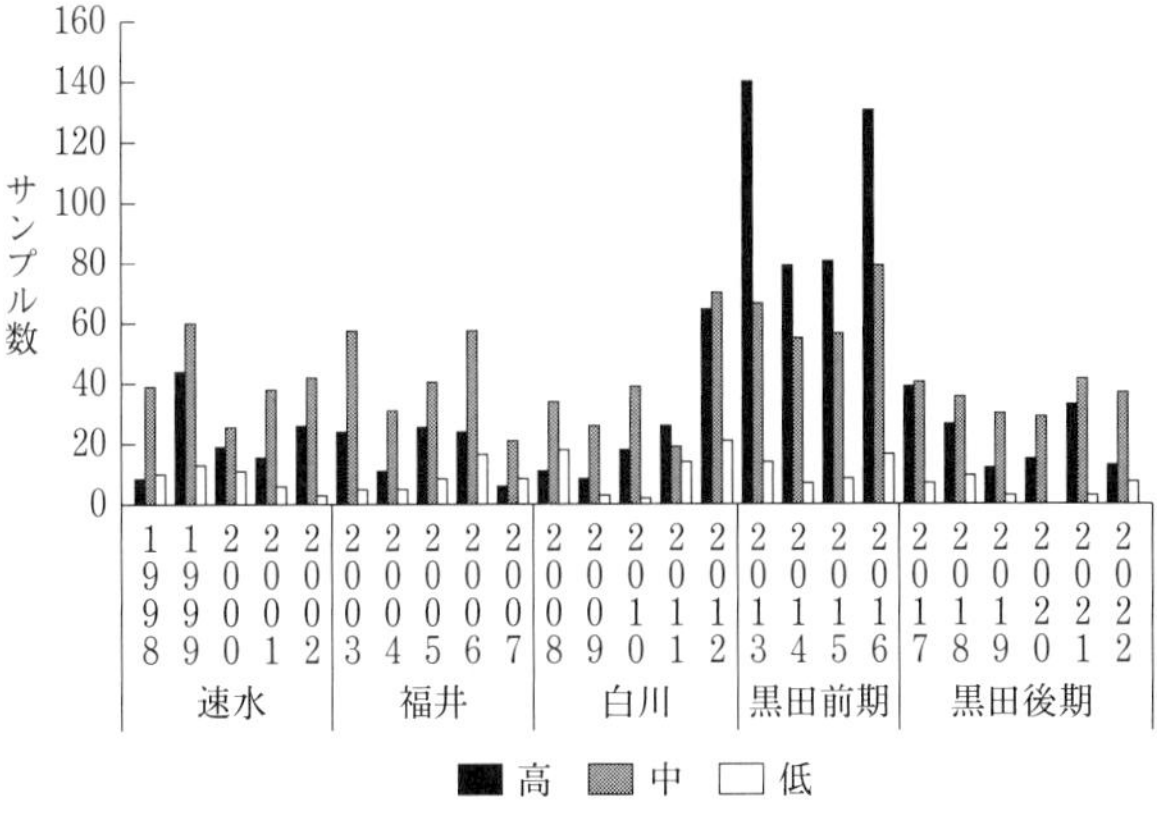

モダリティの背景と併せ、みていきたい。

高い黒田前期のモダリティ

黒田前期の高いモダリティには、ＱＱＥという政策の特殊性が関係している。通常、金融政策は金利を上げ下げすることで、企業や家計がお金を借りる際にかかるコストを調整し、景気を刺激したり冷やしたりするものだ。だが、ＱＱＥはそれに加え、人々の期待に直接働きかけることを主要な政策効果と位置付けた。デフレ脱却への強い決意を前面に押し出すことで、「日銀の力で今度こそ景気は良くなる」と信じてもらい、自己実現的にデフレ脱却を図ろうとしたのだ。この政策の肝について、黒田総裁は以下のように述べている。

◆日本銀行の強い姿勢を市場や企業、家計にわかりやすく伝え、「期待」を抜本的に変えるということです。15年のデフレの間に、人々の行動パターンは「物価は下がる」あるいは「上がらない」ことが前提になっています。「強いコミットメント」と「わかりやすい説明」を通じて、人々のデフレ期待を払拭していくことが必要です。

（2013年4月12日、読売国際経済懇話会）

聞き手に約束を信じてもらうためには、断定的な強い表現、つまり高いモダリティを使った方が説得力が増す。その典型が、同じ読売講演での以下の発言だ（傍線がモダリティ該当部分）。

◆現在政府は、「三本の矢」、つまり大胆な金融緩和、機動的な財政政策、民間投資を喚起する成長戦略という3つの政策の組み合わせにより、デフレからの脱却を始め、日本経済が抱える課題を解決しようとしています。これは極めて適切な政策パッケージだと思います。このうち、第1の矢である金融緩和を通じて2％の物価安定目標を早期に実現することは、日本銀行の役割です。これまで述べてきたとおり、日本銀行は責任を持って実現します。

前任の白川総裁は、デフレ脱却には金融緩和だけでなく、政府や企業の取り組みが必要だと強調していた。これに対し、黒田総裁は、デフレ脱却は日銀の責務であると断定し、物価目標の早期達成へ決意表明をしたのだ。2013年暮れ、黒田総裁はこうも述べている。

◆日本経済にとって、現在は、実体経済や金融市場、人々のマインドや期待など、好転の動きが幅広くみられており、デフレ脱却に向けた「千載一遇」のチャンスです。日本銀行は、「量的・質的金融緩和」を推進し、2%の「物価安定の目標」をできるだけ早期に実現することをお約束します。（2013年12月25日、日本経済団体連合会審議員会）

このように言い切ってしまうと、約束が果たせなくなったときに逃げ場がない。これまでの日銀であれば「早期実現を目指し、金融政策を適切に遂行する方針だ」といった具合に低いモダリティでぼやかしていたかもしれない。あえて退路を断つことで目標達成への強い決意を示したといえよう。

中央銀行は通常、経済・物価情勢を丹念に点検しつつ、少しずつ金融を緩和したり引き締めたりすることで経済に影響を及ぼす。黒田総裁はそうしたスタイルを「戦力の逐次投入」と切り捨て、「日本銀行の持つすべての力を一挙に動員する」（２０１３年４月、読売国際経済懇話会）と踏み込んだ。そうした政策スタイルの転換に応じて日銀のレトリックも変化し、モダリティは高くなった。２０１４年10月に日銀はＱＱＥを拡大するが、その直後に黒田総裁の決め台詞が登場する。

◆デフレ期待を払しょくし、人々の気持ちの中に２％を根付かせるには、それなりの速度と勢いが必要なのです。これが、日本銀行が２％の達成時期にこだわる理由です。（中略）最後に昨年４月に言ったことをもう一度繰り返します。「物価安定の目標」を早期に実現するため「できることは何でもやる」。（２０１４年11月５日、きさらぎ会）

中央銀行は元来、政策の効果と副作用を見極めながら進む慎重な性質の存在だ。達成の見通しが立ちづらい目標のために「できることは何でもやる」と言い切ることはリスクが高い行為とみなされる。黒田総裁のこの発言は、通常の日銀文学にはみられない、突出して高いモダリティといえよう。

強気を維持した黒田総裁

当初順調にみえた異次元緩和だが、導入から数年たっても物価目標が達成されず、雲行きが怪しくなっていく。2016年1月にマイナス金利政策を導入すると、金融機関収益や市場機能への悪影響といった副作用への批判が高まっていった。そうしたなかでも、黒田総裁の高モダリティは続いた。マイナス金利導入時の下記発言が一例だ。

◆追加緩和の手段に限りはありません。（2016年2月3日、きさらぎ会）

◆日本銀行は、この政策のもとで、2%の「物価安定の目標」の早期実現を図ります。デフレに戻ることはありません。必ず、2%の物価安定を実現します。（2016年3月7日、読売国際経済懇話会）

2016年9月にはイールドカーブ・コントロールを導入するが、それ以降もしばらく強気の姿勢は維持される。たとえば、以下のような発言だ。

◆今がデフレから完全に抜け出す絶好の機会です。（中略）これまでも繰り返し申し

上げている通り、金融政策に「限界」はありません。（2016年9月26日、大阪経済4団体共催懇談会）

この発言が出た当時、持てる力を総動員しても物価はなかなか上がらず、日銀は緩和手段を使いつくしてしまったのではないか、との見方が世の中に広がっていた。これは中央銀行にとっては致命的だ。「緩和のツールはいつでも保持している」と市場に思わせておかなければ、投機筋に足元をみられてしまう。物価目標への日銀の強い決意は揺らいでおらず、そのための手段も持ち合わせていると黒田総裁が高いモダリティで強調したのは、そうした事情を反映したものだろう。

財務省の官僚として実務経験を重ねた黒田総裁が、政策のリスクに目をつぶって物事を決めていたとは考えづらい。だが、わかりやすいコミュニケーションこそ政策の効果を高めると考え、高いモダリティで異次元緩和の効果を最大限アピールすることに徹したのだろう。そこには、通貨外交でマーケットと常日頃対峙し、コミュニケーションの力で相場に影響を及ぼそうとする財務官としての経験が影響しているように思えた。

黒田総裁が退任後、日本経済新聞のコラム『私の履歴書』で述べている一言が印象的だ。

経済が危機に直面した際は「思い切った対応策を素早く決断して実行する必要がある」としたうえで、「リスクを恐れて優柔不断であることは、事態を悪化させるばかりである」と語っている。こうした当局者としての黒田総裁の価値観が、高いモダリティににじんでいたのかもしれない。

白川総裁の低いモダリティ

では、他の総裁たちのモダリティはどうだろう。長引くデフレとの闘いの中、非伝統的金融政策を導入したのは黒田総裁だけではない。金融緩和を強化するたびに、歴代総裁たちは「世界の中央銀行の歴史に前例をみないような、思い切った政策」(量的緩和導入後の速水総裁講演)、「通常の金融政策の領域を越えた新たな領域」(包括緩和導入後の白川総裁講演)と、その異例さを強調してきた。

だが、黒田総裁の高いモダリティとは対照的に、他の総裁は総じて政策の効果への確信度合いは低めだ。むしろ「日銀がこれだけ異例の政策に踏み込んだのだから、民間・政府も努力してくださいよ」というメッセージを込めているようにもみえる。たとえば、黒田総裁の前任者である白川総裁はこう述べている。

◆日本銀行としては、きわめて緩和的な金融環境を維持し、そのことを通じて、わが国経済が物価安定のもとでの持続的成長経路に復帰していくことを粘り強く支援していく考えです。（２００９年11月４日、きさらぎ会）

金利を低く抑えることにより、間接的に経済を支える姿勢は示すものの、日銀が主役となってデフレ脱却を実現するという強い意思は感じられない。粘り強く支援する「考えです」と述べている点も注目だ。「物価目標は必ず実現する」といった黒田総裁の高いモダリティに比べると、おおまかな方針を示しているに過ぎず、モダリティは低い。将来について断定的に述べることで政策の手足を縛ってしまうことへの慎重姿勢が窺《うかが》われる。

追加緩和に慎重だと批判された白川総裁だが、実は極めて異例な非伝統的金融政策の導入に踏み切っている。２０１０年10月に導入した「包括的な金融緩和」という政策で、日銀は初めて上場投資信託（ＥＴＦ）といったリスク性の資産を金融政策手段として買入れた。黒田総裁の異次元緩和は、ある意味、この包括緩和の規模を拡大したに過ぎない。だが、黒田総裁と異なり、白川総裁はそうした異例の緩和策の効果を積極的にアピールしようとはしなかった。その典型例が以下の発言だ。

◆こうした措置が成功するかどうかは、これによって実現する金融環境を活かして民間部門が様々な挑戦を行うかどうか、更には、そうした挑戦を可能にする環境が用意されているかどうかにもかかっています。その意味で、民間部門、政府、中央銀行それぞれの努力が不可欠です。日本銀行としては、極めて緩和的な金融政策の効果が最大限発揮され、わが国経済の発展に繋がっていくよう、今後とも、中央銀行としての貢献を続けてまいりたいと考えています。（2010年11月4日、きさらぎ会）

日銀は「中央銀行としての貢献」はするものの、その成否は民間部門・政府の努力次第だとし、やや自信がなさそうだ。日銀の果たす役割は、企業の活動を支援するという間接的なものにとどまっている。また、文末の「まいりたいと考えています」という表現は、願望（まいりたい）についての方針（考えています）という低いモダリティの組み合わせで、将来に対する強い確信は感じられない。

その後、より大胆な金融緩和策を求める政治的圧力は高まるばかりだったが、白川総裁のモダリティは低いままだった。

◆日本銀行は先程述べた金融緩和政策を実行しており、目標をできるだけ早期に実現することを目指しています。こうした金融緩和の効果は、緩和的な金融環境を企業等が積極的に活用すればするほど、大きくかつ早期に顕現していきますが、その程度やタイミングを現時点で正確に見通すことは難しいと言わざるを得ません。（2013年1月25日、日本記者クラブ）

物価目標は必達ではなく、あくまで「目指す」ものだという。また、金融緩和が成功するかどうかは、企業の姿勢次第だと前提条件をつけている。効果が現れる時期についても明言していない。こうした低いモダリティやヘッジ表現の多用は、大胆な金融緩和に消極的であるかのような印象を与え、市場関係者や政治家の評判が悪かった。

当時日銀は幾度も金融緩和を強化していたが、デフレ脱却への本気度が足りないと批判を浴び続けた。記者として見ていても、コミュニケーションがうまくいっていないことは明らかだった。困った広報担当者が、講演や記者会見のたびに電話をかけてきて「今回の印象はどうでしたか」と心配そうにヒアリングしてきたことを思い出す。

白川総裁は、金融緩和の効果をアピールするばかりではなく、その副作用についても丁寧に説明すべきであるという考えの持ち主だった。「デフレこそ諸悪の根源だ」「大胆な金融緩和さえ実施すればデフレは脱却できる」といった、当時蔓延《まんえん》していたわかりやすいキャッチフレーズに強い不信感を持っていたようだ。

2010年11月の講演では、政策運営に当たり、経済の複雑な仕組みから目を逸らすような「分かりやすさの落とし穴」に陥ることは避けるべきであると警鐘を鳴らしている。これは、わかりやすさを追求することで金融緩和の効果を最大化しようとした黒田総裁の姿勢とは対照的だ。

福井総裁の苦心のあらわれ

福井総裁の時期も、将来起こる出来事についてのモダリティは総じて低い。特に量的緩和を解除し、金利を引き上げていった2006年や2007年にその傾向が強い。当時、日銀はずっとゼロ%近傍に張り付いていた金利の引き上げを視野に入れていたが、金融引き締め局面のコミュニケーションは難しい。世の中にあふれた資金がいつ吸収されるのか、貸出金利や住宅ローン金利はどの程度上がるのか、多くの人が気にしている。利上げの可能性について強く示唆し過ぎると、長期金利の急騰や市場の混乱を招きかねない。このため低いモダリティを用い、慎重に地ならしをする必要があるのだ。福井総裁の以下の発言に、そうした慎重な配慮が窺われる。

◆今後の金利水準は経済・物価の展開や金融情勢次第ではありますが、現在私どもが考えているように、経済がバランスのとれた持続的な成長過程を辿る中にあって、物価の上昇圧力が抑制された状況が続いていくと判断されるのであれば、極めて低い金利水準による緩和的な金融環境を当面維持できる可能性が高いと考えています。
（2006年3月16日、量的緩和解除後、日本商工会議所会員総会）

量的緩和は解除したものの低金利はしばらく続くだろうと、市場に安心感を与えようとしている。利上げで景気が冷えてしまうのではないかと懸念する政治家への配慮もあった。
他方、きわめて低い金利水準が「当面」維持できるのは、「経済・物価の展開や金融情勢次第」と前提条件をつけている。経済情勢が変われば、利上げする可能性はあるということだ。

また、低金利を継続するのはあくまで「物価の上昇圧力が抑制され」ていればの話であって、そうでなければ利上げも辞さないと示唆している。将来の利上げの余地をなるべく残したい福井総裁の心理がにじんだ、低めのモダリティといえよう。

なお、日銀は2007年2月には金利を0・5％まで引き上げたが、3か月後の福井総裁の発言も低いモダリティが続く。

◆リスク要因を点検しながら、経済・物価情勢の改善の度合いに応じたペースで、徐々に金利水準の調整を行うことになると考えています。（2007年5月10日、内外情勢調査会）

利上げとはっきり言わず、あえて「金利水準の調整」とぼかしているのは、なるべくショックを和らげようとする苦肉の策だろう。「経済・物価情勢の改善の度合いに応じたペース」とはいかなるものなのか、判然としない。いかようにも解釈できる低いモダリティで、将来の政策にフリーハンドの余地を残している。これは後ほど紹介する植田総裁の最近の発言にもみられる特徴だ。

黒田後期に起きたモダリティの変化

このように、歴代総裁の中でも黒田前期のモダリティの高さは突出していたが、歯切れの良い黒田節も後期には徐々に消えていく。前任者たち同様、曖昧でヘッジを多用した低めのモダリティが増えていくのだ。

黒田後期、日銀の金融政策は転機を迎えていた。物価目標がなかなか達成されず、短期決戦型のQQEから、長期戦に備えたイールドカーブ・コントロールへの移行を余儀なくされたのだ。そして2018年4月に黒田総裁が再任された直後、日銀は「2年程度で達成」するという、すでに形骸化していた物価目標達成時期の旗を降ろす。その直後の講演で黒田総裁はこう述べている。

◆先ほど述べたように、日本銀行は、現在、その時々の経済・物価・金融情勢を踏まえつつ、2%に向けたモメンタムが維持されているかを点検しながら、金融政策を運営しています。その際、2%の達成時期に関する具体的な期限は設定していませんし、そうした期限を念頭に置いて、金融政策を運営している訳ではありません。（中略）日本銀行としては、2％の「物価安定の目標」の実現に向けた総仕上げを果たすべく、今後とも、強力な金融緩和を粘り強く進め、こうした前向きの動きを全力でサポートしていきたいと考えています。（2018年5月10日、きさらぎ会）

物価目標の位置づけは、大胆な金融緩和で短期間に達成するものではなく、達成への「モメンタム」が維持されているかを慎重に見極めるものへと変わっている。モメンタムは通常「勢い」と訳される。要は経済が物価を押し上げていく力を維持しているかどうかを点検しながら政策を運営するということだ。日銀の金融緩和は、人々の期待を一気に転換させる即効薬という位置づけから、「粘り強く」続けることで景気を支えるものに変質したのだ。

また、日銀が経済をサポートしていく姿勢は示しているものの、そう「していきたいと考えています」との願望（していきたい）と、方針（考えています）という、低いモダリティが組み合わさっている。前任者たちの抽象的な表現に近づき、威勢の良さは消えている。黒田総裁の任期終了が近づくにつれ、モダリティはさらに低くなっていく。下記の発言はその一例だ。

◆本日ご説明したとおり、内外の経済・物価情勢や金融市場の動向を巡る不確実性は、きわめて高い状況です。日本銀行は、先行きの経済・物価見通しや上下双方向のリスク要因を丹念に点検し、それに応じて適切な金融政策運営を行ってまいります。現在は、金融緩和を継続することによって、経済活動をしっかりと支えていくべき局面にあると考えています。これによって、企業が賃上げをできる環境を整え、賃金の上昇を伴うかたちで、「物価安定の目標」の持続的・安定的な達成を目指しています。

（２０２２年11月14日、名古屋での経済界代表者との懇談）

経済をめぐる不確実性を強調することは典型的な中央銀行のヘッジ手法だ。リスク要因を点検しつつ「適切な」金融政策運営を行うというくだりは、黒田前期にみられたわかりやすく断定的な決意表明とは異なり、何を目指してどういう運営をするのかが曖昧だ。日銀の存在は経済活動を「支えていく」ものとして後景化され、目標達成についても「目指しています」と低いモダリティを用いている。この発言を、以下のものと比較してみてほしい。

◆今後とも、市場動向を注意深くモニターしながら、金融市場の安定に努めて参りたいと思います。そして、その上で、経済・物価の見通しとその蓋然性、上下両方向のリスク要因を丹念に点検しながら、それらに応じて機動的に金融政策運営を行っていく方針です。（２００8年5月12日、日本記者クラブ）

◆以上のように、日本銀行は、短期、中長期の時間軸を意識しながら、金融政策面で様々な取り組みを進めておりますが、今後も、先行きの経済・物価動向を注意深く点検し、必要と判断される場合には適切な措置を講じていく方針です。（２０１１年7月25日、きさらぎ会）

先程の黒田総裁の発言と酷似しているが、実は白川総裁のものだ。「上下双方向のリスクを点検して適切に政策運営をする」というのは日銀文学で頻出する定型文だ。そうした抽象的でわかりづらい表現を一掃し、実現すべき目標について高いモダリティで語っていた黒田前期だったが、後期には本来の日銀文学の世界に戻ってしまった。

黒田総裁のモダリティはなぜ変化したか？

不確実な将来を予測しながら政策運営する以上、日銀総裁のモダリティは通常低くなりがちだ。黒田総裁の前期ではそうした慣例を破り、高いモダリティを使用して人々のデフレ心理を払拭しようとした。日銀のコミュニケーションが、いわば危機モードへと突如転換したといえる。

中央銀行が平時の中・低位モダリティの殻を脱ぎ捨てる瞬間は海外でもみられる。銀行破綻や債務危機といった、市場の大きな動揺を招く事態が発生した際、投資家の不安心理を沈静化するために中央銀行が強いメッセージを発する場合があるのだ。２０１０年代前半に勃発した欧州債務危機で通貨ユーロが急落した際、当時のマリオ・ドラギ欧州中央銀行総裁は、ユーロの価値を守るため「できることは何でもする」と言い切った。その一言で市場は落ち着きを取り戻し、危機時における中銀コミュニケーションのお手本となった。

長引くデフレを日本経済にとっての「危機」とみなすかどうかは諸説あるだろうが、黒田前期の高モダリティはこうした「危機モード」に登場した、日銀レトリックの変則バージョンといえるかもしれない。

黒田後期に入ると、2％物価目標は未達ながらも、物価が連続して下がる状態ではなくなり、失業率も低下して経済も安定していく。デフレという、誰もが共有するわかりやすい敵の存在は後退し、政治の関心も徐々に金融政策から離れていった。一方、2％の物価目標は未達のまま大規模緩和は長期化し、副作用への批判が高まっていく。

このため、黒田総裁後期には副作用への対応が政策運営上、焦点となっていった。2021年3月19日、日銀は「より効果的で持続的な金融緩和を実施していくための点検」と称し、様々な緩和手段の効果と副作用について詳細な分析を公表した。その実態は、予想外に長引いてしまった大規模緩和から手を引くための理論武装だった。

政策上の変化はコミュニケーションにも現れる。低金利を保つことで経済を支え、いずれ物価が上がっていくのを待つ。こうした受け身の政策に転じた以上、日銀が主体となって人々の期待を抜本的に変えようとした黒田前期のコミュニケーションは転換を余儀なくされた。黒田前期にみられた高いモダリティは減り、低いモダリティが増えていくのは自然な成り行きだった。QQEという壮大な実験が終了すると、コミュニケーションも平時の日銀文学に戻っていったのだ。

日銀が主体の、高い義務モダリティ

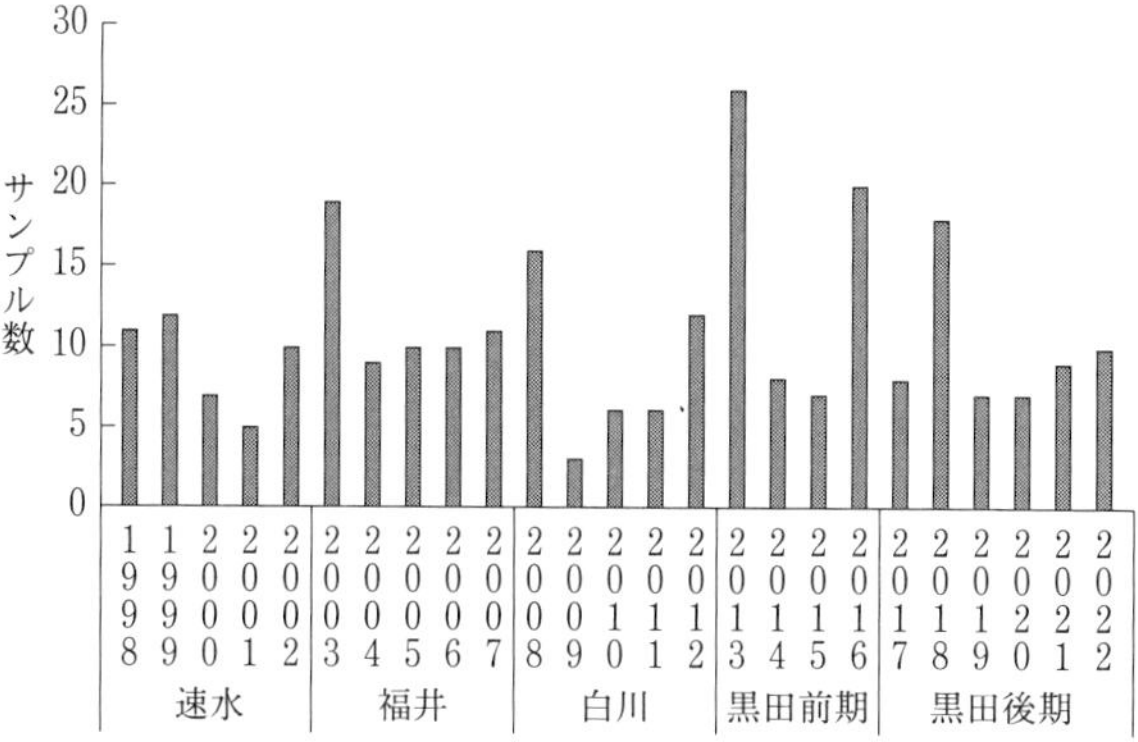

義務の主体は誰なのか？

日銀総裁たちは将来の見通しについてだけでなく、果たすべき義務についても様々に語る。モダリティのうち、将来果たすべき義務についてどれほど強く約束しているかを示すのが「義務モダリティ」だ。ただ、ひとくちに義務といっても、日銀が自ら果たすべきものなのか、政府や民間といった他の当事者が果たすべきものなのかによって、意味はずいぶん異なってくる。そこで、義務について語る歴代総裁の高いモダリティ発言のうち、日銀が主語になっている（日銀がなんらかの義務を果たす必要性について強く訴えている）文の数を比較してみたのが、上のグラフだ。

黒田前期は日銀が主役

黒田総裁が異次元緩和を導入した2013年（26件）が最も多く、次いで2016年（20件）となっている。つまり、黒田前期は日銀の義務について強い口調で語っていることが多かったことがわかる。たとえば、以下がその一例だ。

◆私はここで、戦力の逐次投入、あるいはgradualismは採らずに、日本銀行の持つすべての力を一挙に動員することが必要だと強く思っていました。（2013年4月12日、読売国際経済懇話会）

◆したがって、日本銀行としては、これまでの政策からさらに大きく踏み込んで、人々の期待に直接働きかけて「デフレ期待」を払拭すること、すなわち、人々の予想インフレ率を引き上げるような政策に踏み込むことにより、フィリップス曲線そのものを上方にシフトさせることが必要と考えました。また、デフレが続くこと自体がそこからの脱却を一層難しくすることを勘案すれば、できるだけ早くこれを実行に移す必要があると判断しました。（2013年9月20日、きさらぎ会）

ここでは、日銀がデフレ脱却の主役として表象され、大規模緩和を導入する必要性について高いモダリティで訴えている。大規模緩和導入から時間がたち、その副作用が目立ってくると、金融緩和の効果とコストのバランスをとる必要性について述べることが増える。以下がその例だ。

◆どのような政策であれ、コストはゼロではありません。「フリーランチはない」ということです。従って、必要性とコストを比較考量し、かつ、コストをできるだけ減らす工夫が必要です。（2016年3月7日、読売国際経済懇話会）

◆ここまで大規模な緩和を行っている以上、当然に、追加措置の「コスト」はありますし、それによって不利益を受ける主体も出てきます。しかし、それが日本経済全体にとって必要なのであれば、つまり「ベネフィット」が上回るのであれば、躊躇するべきではありません。（2016年9月5日、きさらぎ会）

日銀が果たすべき義務はデフレ脱却へ向け人々の期待を変えることから、政策の効果と副作用を注意深く比較考量することに変わっている。義務の内容は変化しているが、義務を果たすべき主体は日銀のままだ。

福井・黒田両総裁の共通点

では、他の総裁たちはどうか。福井総裁も2003年の就任当初、高いモダリティを用い、日銀が果たすべき義務について語っていた。前任の速水総裁が2000年8月、政府の反対を押し切ってゼロ金利を解除。だが、景気が低迷したため、2001年3月には量的緩和政策の導入に追い込まれた。その後も政府との対立は続き、政府・日銀の関係は冷え込んでしまった。当時の小泉純一郎首相に指名された福井総裁にとって、両者の関係を修復して政府の信頼を得るのは、日銀を政治的風圧から守るうえで重要だった。このため福井総裁は2003年だけで3度も量的緩和を拡大する。その際、このように語っている。

◆このような内外の不確実性の高まりに対し、日本銀行は、金融政策の面でも金融システム保全の面でも、万全の対応を行う必要があると考えました。何故ならば、日本経済は現状なお脆弱な基盤の上に立っており、そうした中でいくつものリスクが積み重なる事態に対しては、不安感を徒に増幅させないよう、可能な限り先取り的に物事

を捉え、早め早めに措置を講ずることが必要と判断されたからであります。（2003年7月7日、大阪経済4団体共催懇談会）

日銀が内外のリスクに対し、早めに万全の対応をとる必要性について高いモダリティで語っている。日銀が主役となって危機を未然に防ごうという決意が伝わってくる。福井総裁はこうも語っている。

◆日本銀行は、「消費者物価上昇率が安定的にゼロ％以上となるまで」量的緩和政策を堅持し、ようやく見られはじめた景気回復の芽を大事に育てていく必要があると考えています。（2003年10月28日、内外情勢調査会）

景気回復が持続するよう、量的緩和を続けていく必要性について高いモダリティで訴えている。日銀の果たすべき約束について強い姿勢を示すことで、いわば政府にもアピールできる。アベノミクスの一翼として大規模緩和を放った黒田総裁の姿勢と共通するところがある。

政府・企業の義務を強調した速水・白川両総裁

これに対し、日銀以外の主体が果たすべき義務について高いモダリティで語ることが多かったのが速水・白川両総裁だ。速水総裁は戦後日本のハイパー・インフレを経験した世代として、日銀が金融緩和により人為的にインフレをもたらすべきだという、当時一部で広がっていた主張に強く反発していた。非伝統的金融政策について総じて慎重な姿勢を保ち、構造改革によってこそ日本経済は再生するという信念の持ち主だった。そうした姿勢は講演にもにじんでいる。以下がその例だ。

◆しかし、金融政策だけで、現在の日本経済の問題をすべて解決することはできませんし、やはり、ゼロ金利という現在の政策が、きわめて特異な、ぎりぎりの選択であることは十分認識しておく必要があります。また、財政政策についても、いつまでも公共投資中心の拡張政策を進めていくことはできません。日本経済を本格的に再生していくためには、総需要政策によって当面の経済活動を下支えしているあいだに、供給サイドを強化するための構造改革を進めていくことが、どうしても必要です。

（１９９９年６月22日、日本記者クラブ）

すでに異例の金融緩和策を導入した以上、日銀にできることは少ない。一方、政府や企業が果たすべき義務については高いモダリティで語っている。デフレ克服のためには政府や企業が努力すべきであり、日銀はそのサポート役にすぎないという立場だ。

白川総裁も、より大胆な金融緩和策を求める政治からの声に反論した。リーマンショック、東日本大震災、超円高といった試練にあえぐ日本経済を支えるため、幾度も金融緩和を強化した白川総裁だが、講演では金融政策に過度に依存する弊害や、極端な金融緩和がもたらす副作用に警鐘を鳴らすことが多かった。そのうえで、日本経済再生のために政府や企業が果たすべき役割について度々述べている。以下がその例だ。

◆日本銀行は、昨年夏以降、成長基盤強化を支援するための資金供給という新たな枠組みのもとで、金融機関を通じて企業の前向きな取り組みを支援しています。経済の中長期的な成長力を強化していくためには、民間、政府を含め各方面の積極的な取り組みが不可欠です。（２０１１年10月31日、大阪経済４団体共催懇談会）

日本経済の低成長は民間・政府の取り組みなしには解消しないという主張だ。速水総裁の事例同様、日銀の果たすべき義務は後景化され、政府や企業に義務を果たすよう高いモダリティで促している。

「わかりやすさ」ににじむ政府との距離感

以上でみてきたように、モダリティを分析すると、日銀が将来の景気や金融政策の有効性について、どの程度確信をもっていたかがわかる。「景気は気から」というが、高いモダリティで経済回復の可能性やデフレ脱却への決意を示すことで、企業や家計の心理を好転させられるかもしれない。コミュニケーションのもつ力を最大限に信じ、その効果を前面に打ち出したのが異次元緩和導入時の黒田日銀だった。一般的に低いモダリティを好む日銀において、黒田前期はいわば異形の時代だった。

他の総裁は、そうした日銀のコミュニケーションがもたらす心理面への影響について、やや懐疑的であったように思われる。少なくとも講演の分析では、黒田前期ほどの高いモダリティはみられない。そんな黒田総裁でさえ、物価目標未達の時期が長引くにつれてモダリティは低くなり、前任者たちのレトリックに近付いていった。

黒田前期のもうひとつの特徴は、日銀を、デフレ脱却に向けて主体的に動く能動的な存在として描いたことだろう。これは福井総裁の就任直後の言説にもみられた特徴だ。どちらの総裁も、金融緩和に消極的であるとバッシングを受けた前任者たち（速水・白川両総裁）の後を継ぎ、日銀のイメージ・チェンジを図る必要があった。このため、政府と協調して経済を再生する存在として日銀をアピールしたのだろう。それまでとは違う日銀を演出するには、わかりやすさを重視したレトリックが必要だ。

一方、速水・白川両総裁は、デフレとの闘いにおいて日銀はサポート役に過ぎないとし、政府や企業の努力を促す発言が多かった。政治からの風圧に防戦一方だった速水・白川両総裁と、むしろそれを受け止め、政府との距離を縮めていった福井・黒田両総裁。こうした政治との間合いの差が、わかりやすさを志向しようとした福井・黒田両総裁、わかりやすさの罠を避けた速水・白川両総裁という違いにつながったのかもしれない。

金融政策は経済に大きな影響を及ぼす。また、長時間の国会審議が必要な財政政策と異なり、金融政策決定会合で瞬時に決めることができる。経済が悪化した際、金融政策を即効性のある便利なツールとみなす政治家が多いのはこのためだ。それだけに、日銀総裁のコミュニケーションは、政府との関係や世論の風向きに大きく左右される。揺れ動くモダリティは、日銀が置かれた社会における立ち位置を色濃く反映している。

では、植田総裁の場合はどうだろうか。長年続いた超低金利を脱し、金利を引き上げていくには、その必要性についてわかりやすく説明し、人々に納得してもらわなければいけない。一方、市場に利上げのタイミングについて言質を与えすぎると、政策の手足を縛ってしまう。いざ情勢が急変したら速やかに軌道修正できるよう、なるべく将来についての約束は曖昧なままにしておきたい誘因も働く。詳しくは第5章で分析するが、この両者のバランスを取ることの難しさがにじんでいるのが、植田レトリックの特徴といえよう。

第4章　メタファーでわかる日銀総裁のキャラクター

大ヒットした「黒田バズーカ」

「長年大胆な金融緩和策に慎重だった日銀が豹変した」――2013年4月4日、黒田東彦総裁のもと導入された量的・質的金融緩和（QQE）は、海外投資家にこのように受け止められ、日本経済再生への期待感から株価は急騰した。製造業を苦しめていた円高も反転させたこの政策を、欧米メディアは「黒田バズーカ」と名付けた。巨額の資産買入れで金融市場を大きく動かしたその威力が、さながらバズーカ砲というわけだ。

詳しい由来は定かではないが、確認できるメディアでの最も早い使用例は、米テレビ局CNBCが同日にウェブサイト上で掲載したベテラン記者のコラムだ。QQEが、当時ベン・バーナンキ議長のもとで米連邦準備制度理事会が実施していた国債買入れを上回る規模である点について、「クロダからバーナンキへ…俺のバズーカはお前のバズーカよりでかいぞ」とユーモアたっぷりのタイトルで紹介している。

安倍晋三元首相の経済政策「アベノミクス」の一翼を担う大規模緩和を、政権も積極的に売り込んでいたが、ここでも「バズーカ」が登場する。QQE導入直後の2013年4月19日、当時の麻生太郎財務大臣は米・ワシントンDCで講演し、異次元緩和をアベノミクスの「第一のバズーカ」と呼んで称賛した。その影響もあってか、「黒田バズーカ」という名称はあっという間にマス・メディアで広まった。

このように、あることがらについて、「～のようだ」などの形ではなく、直接別の例を用いて表現するのが「メタファー」（隠喩）だ。複雑な事象をわかりやすいたとえで置き換えることで、聞き手に強い印象を与えることができる。修辞学の歴史が長い欧米メディアの世界では頻繁に登場し、読者を楽しませている。

黒田総裁自身が大規模緩和を「バズーカ」と呼んでアピールしたことはないが、このメタファーはそのわかりやすさゆえ、QQEという政策のイメージを強力に形作ることとなった。実際、物価を短期間で押し上げられるのかどうかは別にして、「バズーカ」と聞くだけで、とてつもない威力を持った政策のように思えてくる。「黒田バズーカ」は海外投資家の心をつかむキャッチワードとして、長きにわたって使用された。

このように、メタファーは聞き手の考え方に影響を及ぼし、思考を形作る力をもつため、強力なレトリック・ツールとして政治家や当局者に重宝されている。とかく専門的になりがちな経済学や金融政策の世界においても、物事をわかりやすく説明したり、理解を深めたりするために多用されていることは、第1章で説明したとおりだ。

フランスの言語学者Catherine Rescheによると、経済学にまつわるメタファーは2種類に分けることができる。ひとつは「経済は生き物だ」という生物学にまつわるメタファー群で、経済を生物、とりわけ人間の体にたとえる。不況は経済の病にたとえられ、政府や中央銀行は財政・金融政策で病を治す医者のような存在となる。

もうひとつは、物理学に由来する「経済はメカニズム（機械）だ」というメタファー群だ。経済は企業や家計といった様々な主体の活動によって均衡点が発生する、ひとつのメカニズムとして描かれる。経済が拡大したり縮小したりするさまを、景気の「循環」（サイクル）にたとえるのも一例だ。

経済を機械にたとえる場合もある。景気がゆっくりと減速していくさまを「ソフトランディング（軟着陸）」と呼ぶが、これは経済を飛行機にたとえているメタファーだ。機械と同様、経済は通常問題なく動いているが、故障することもある。故障した機械を修理する技師のように、当局者は適切な政策により経済の不調を修復する。その際、中央銀行が用いる政策の手段について、欧米ではしばしば「政策のツール（道具）」や「ツール・キット（道具箱）」と呼ぶ。当局者は、機械を修理したりメンテナンスしたりする技師さながら、道具を使って経済を修復する存在なのだ。

こうしたメタファーは日銀総裁の講演にも登場する。メタファーをうまく使えば、政策の有効性について主張する際、説得力を増すことができる。ここからは、歴代総裁が使った具体例を示しつつ、彩り豊かなメタファーの世界を紹介していきたい。

生物メタファー「薬」が大好きな速水総裁

経済を生き物にたとえる「生物メタファー」は各総裁の講演に時折登場するが、それぞれの個性がにじんでいて面白い。歴代総裁の中でとりわけ薬メタファーを多用したのが、速水総裁だ。

日銀が政府から正式に独立して金融政策を決めるようになって以降初の総裁だが、金利はすでに低く、在任中はゼロ金利政策や量的緩和など、世界に例のない金融緩和策を次々と打ち出していった。だが、自ら望んで導入したわけではない。金融不安や長引く景気低迷の中、より大胆な緩和策をもとめる政治家からの強い圧力を受けてのことだった。金融緩和に過度に依存する風潮に反発する速水総裁は、様々な薬メタファーを用いて自説を展開している。以下はその事例だ（傍線がメタファー該当部分）。

◆こうした経済のサプライ・サイドを規定する要因は、それ自体企業や家計のインセンティブに働きかけるものだけに、需要面の政策とは異なり、効果が直ちに現れるまでに時間がかかることもしばしばです。サプライ・サイドの処方箋が「漢方薬」と評されるのも、こうした理由によるものです。（1999年7月27日、きさらぎ会）
◆日本銀行が国債の買い支えを始めたとなれば、かえって、国債の信用を傷つけることになるでしょう。そこで起きるのは、もっとも悪い形での長期金利の上昇です。このような「劇薬」政策を採った場合、国の財政規律や金融市場の機能を損なうことはもとより、日本という国自体に対する海外からの信認も失われてしまうリスクが大きいのです。（2000年3月21日、内外情勢調査会）
◆同時にご理解いただきたいことは、金融政策は決して万能薬ではなく、金融政策でもって構造調整そのものを肩代りすることはできない、ということです。（2000年12月22日、経済倶楽部）

金融政策は万能薬ではなく、日本の構造問題を一気に解決する手段とはなり得ないという。大胆な金融緩和で人為的にインフレ率を高め、デフレを脱却すべきだという論調が高

歴代総裁の生物メタファー

対象	メタファーの具体例
経済	（植物の）芽、基礎体力、患者
物価	体温
デフレ	病、苦しみ、痛み
政府・日銀の政策	劇薬、漢方薬、処方箋、治療
日銀	医者

まっていた中、非伝統的な金融緩和を副作用が強い劇薬にたとえ、牽制《けんせい》している。

速水総裁は政府にも苦言を呈している。当時は金融緩和だけでなく、景気浮揚のために巨額の経済対策が組まれ、日本の財政状況は悪化していった。日銀では国際畑を歩み、経済同友会代表幹事を務めたこともある速水総裁は、経済の長期的な成長力を強めるためには、規制緩和や構造改革が不可欠だという信念の持ち主だった。

じわじわと効く「漢方薬」のように、即効性はなくてもいずれ効いてくる改革を着実に進めるよう促しているのだ。「必ず痩せる」と謳うダイエット食品に頼らず、日々の運動でこつこつと体質改善せよ。速水総裁はこう説く、なかなか厳格な医者だ。

持論を訥々《とつとつ》と語る速水総裁は、筋金入りの「円高論者」でもあった。当時、急速に進んだ円高は輸出企業の収益に打撃を与え、政府・日銀は対応に苦慮していた。そんな中でも、速水総裁は「円高は強い日本経済の象徴」であり、望ましいことだとの持論を記者会見でたびたび展開した。いくら事務方がいさめても無駄だ。当時、筆者は駆け出しの記者だったが、内心冷や冷やしながら聞いていた。案の定、速水総裁の為替発言が速報されると金融市場では円高が進行し、政治家の日銀批判が高まっていった。円高ではなく円安が悪者扱いされ、円安が弱い日本の象徴だと喧伝《けんでん》される今、隔世の感がある。

「芽」を育てたい福井総裁

速水総裁の後を継いだ福井総裁は、早くから「日銀のプリンス」として将来を嘱望され、金融政策の企画・立案を担う企画局などの中枢でキャリアを積んだ。政府との軋轢《あつれき》が日銀の金融政策運営を難しくしているのを目の当たりにし、まずは政治との関係修復に動く。そして就任直後に量的緩和を幾度も拡大し、景気の下支えに貢献する姿勢をアピールした。そして景気に持ち直しの兆しがみえてきた任期後半にはゼロ金利を解除し、短期金利を0・5%まで引き上げた。

経済の活力を生む民間のイノベーションを信じ、財政・金融政策をサポート役とみなす傾向は速水総裁と似ているが、前任者と異なり、あまり薬メタファーは使っていない。むしろ経済を植物や風など、自然にたとえる傾向が強かった。金利を引き上げていった任期後半にこうした特徴が顕著だが、実際に使われたメタファーをいくつか見てみよう。

◆そうした意味で、見通しどおりの展開であれば、経済・物価情勢の変化に応じて政策金利を変化させていくことは、経済活動の行き過ぎを抑止し、ひいては景気の波を小さくするとともに、息の長い成長に導くことにつながると考えています。（2006年6月20日、日本記者クラブ）

◆これまで繰り返し申し述べてきているとおり、金利の調整はゆっくりと進めていくということです。このことは、決して景気拡大の芽を摘むものではなく、むしろ息の長い拡大を実現していくことにつながるものです。（2006年11月28日、名古屋での各界代表者との懇談）

景気の振幅を波にたとえるメタファーは経済学ではよく使われるが、福井総裁は利上げを正当化するレトリックとして用いている。今経済が過熱しているわけではないが、金利を早めに引き上げておくことによって、将来の過熱リスクを未然に防ぐという理屈だ。バブルの発生と崩壊といった大きな振幅を生じさせないことは、経済の安定のために不可欠だ。景気の「波」を小さくする、という表現にはそうした含意がある。

経済の成長を人間の息にたとえるのも福井総裁の特徴だ。激しい運動をすれば息が切れてしまうように、好景気もほどほどがよい。きわめて低い金利水準を今のうちに少しずつ上げることにより、ほどよい景気回復を長く続けましょう、という趣旨で使われている。利上げは本来景気を冷やすことによって効果を発揮するものだが、経済への悪影響を心配する市場や政治家を過度に刺激しないよう、配慮したレトリックだろう。

景気を植物の芽にたとえるメタファーも、福井総裁のお気に入りだ。末永く成長していけるよう、早めに手入れをしておくことが大切だ。利上げは好調な景気を損なうものではなく、経済が将来にわたって安定した成長を続けるための手入れというわけだ。ここでも、利上げが景気を過度に冷やしてしまうのではないか、との不安を払拭しようとしている。

スポーツ好きは少ない印象の歴代総裁だが、福井総裁は子供のころから球技が得意で、大学時代はハンドボールに打ち込んだという。大阪で育った商売人気質で、生粋の阪神タイガースファン。携帯電話の着信音楽はタイガースの応援歌「六甲おろし」だったことは有名だ。サービス精神が旺盛で、当意即妙な発言で周囲を引き込む力をもっていた。2003年にタイガースが優勝した際、その経済効果を記者会見で問われ、「私は熱狂的なファンなので、冷静に効果を試算することはできないし、参考にならない」と答え、会場の笑いを誘った。

そんな福井総裁が使った、景気拡大の動きを植物の「芽」にたとえるメタファーだが、2023年4月に就任した植田和男総裁も何度か用いている。量的緩和を解除した福井総裁同様、植田総裁も11年にわたった異次元緩和を2024年3月に終了し、金融正常化に向け前進した。その後の発言からは、ゼロ％近傍にある金利の引き上げを視野にいれているることが窺われる。景気回復の芽を摘むことなく木に成長させることができるか、植田総裁の手腕が試される。

白川総裁の「体力測定」

福井総裁のもと2007年2月に短期政策金利を0・5％まで引き上げた日銀だが、翌年9月に米投資銀行リーマン・ブラザーズの破綻に端を発した世界的な金融危機が発生し、そのあおりで日本経済も大きく落ち込んだ。

その後も2009年以降の欧州債務危機や2011年の東日本大震災、急速に進んだ円高による輸出の低迷を受け、日銀は再び利下げに転じ、2010年10月には「包括的な金融緩和政策」と呼ばれる大規模な資産買入れを中心とした緩和措置を導入した。こうした厳しい経済環境のもと金融政策の舵取りを担った白川総裁は、速水総裁同様、より大胆な金融緩和を求める政治の風圧に常にさらされ続けた。

白川総裁の任期中には劇的な政権交代も起きた。2009年に誕生した民主党政権は同年11月、3年5か月ぶりに日本経済がデフレ状態にあると宣言し、低迷する経済を浮揚させようと日銀に追加緩和を要求し続けた。2012年に総選挙で自民党が政権を奪還すると、日銀への圧力は一層高まった。白川総裁は幾度も資産買入れを増額するが、そうした緩和強化策の副作用についても説明し、「金融政策のみではデフレを脱却できない」という持論をメタファーを用いつつ訴え続けた。以下、いくつか事例をみてみよう。

◆デフレは体温の低下に相当し、必要な対応は、成長力の強化という、言わば基礎体力の強化です。（2011年7月25日、きさらぎ会）

◆過去の経験をみても、実質成長率が上がる中で、物価は遅れて上昇していきます。たとえて言えば、物価は経済の体温であり、成長力は経済の基礎体力に当たります。基礎体力を改善せずに、体温だけを単独に引き上げることは無理ですし、仮に一時的に成功したとしても副作用が発生します。（２０１１年12月22日、日本経済団体連合会評議員会）

◆経済活動と物価の関係は、人間の基礎体力と体温の関係に喩えることができます。体温を正常な状態に上げるためには、基礎体力を上げる必要があります。これと同様に、物価を適度に上げるためには、日本経済の成長力、成長期待を強化することが不可欠であり、それなしにデフレ問題の解決はできないという事実を直視する必要があります。（２０１２年２月17日、日本記者クラブ）

経済を人間の体力、物価を体温にたとえている。基礎体力をつけないと体温が上がらないように、経済の底力がないまま金融緩和のみで物価を押し上げることは難しい。構造改革や企業によるイノベーションがあってこそ、経済の体力がつき、デフレという低体温状態を脱することができるというのだ。速水総裁同様、白川総裁も、安易に薬に頼らず、生活習慣見直しによる体質改善を求める厳しい医者である。

学究肌の白川総裁は、部下への要求も厳しかったようだ。講演原稿だけでなく様々な調査の依頼も多く、政策の企画・立案を担う企画局がある日銀本店の7階はいつも深夜まで明かりがついていた。当時、白川総裁は連日のように国会に呼ばれ、デフレ脱却に無策であると政治家から批判を浴びていた。経済情勢の厳しさもあって日銀内はどことなく沈鬱な雰囲気につつまれ、この苦境を脱するためには、より大胆な金融緩和策を打ち出すべきだとの見方が行内にも広がっていた。

だが、1972年に日銀に入行し、日本におけるバブルの生成と崩壊の過程で移ろいやすい世論を目の当たりにした白川総裁は、そうした「時代の空気」に流されることに危険性を感じていたと、退任後の著書で語っている。ある幹部は金融緩和の試案を説明にいったところ、白川総裁の顔がみるみる不機嫌になり、紅潮していったと当時を述懐する。政治の圧力が高まる中、嫌がる総裁に緩和強化を呑ませるというのが当時の幹部たちの仕事のひとつだったようだ。より大胆な金融緩和を求める「時代の空気」に抗い、苦闘していた白川総裁は、そのレトリックもまた、どこか悲壮感が漂うものだった。

黒田総裁の「デフレは病・日銀は医者」

厳格な白川医師とは対照的に、黒田総裁は効きそうな薬は出し惜しみせず処方する気前の良い医者だ。黒田前期の講演において、日銀はデフレという病を治すために奔走する医者だ。また、白川総裁の講演とは異なり、薬や治療の副作用やリスクについての説明はほとんどない。むしろその効能を全面的にアピールし、処方された薬をしっかり最後まで飲み切るよう、患者に呼びかけるのだ。以下の例では、日本経済は患者、デフレは患者を苦しめる病として描かれている。

◆私は日本銀行総裁に就任する前の8年間、アジア開発銀行総裁として、この国を外から見てきました。15年近くもデフレに苦しんでいる国は、他にはありません。（2013年4月12日、読売国際経済懇話会）

◆日本経済は、1998年度から15年間にわたりデフレに苦しみました。（2014年8月1日、内外情勢調査会）

デフレが長く続くと、値下げ競争で企業は利益が伸びない。付加価値の高い商品を開発したり、新規投資をする体力は失われ、現状を維持することが最重要課題となってしまう。

利益が出ないため従業員の賃金も伸びず、消費は低迷する。こうしたデフレの弊害について、黒田総裁は人間の病にたとえて説明し、デフレという病を治すことができる医者として日銀を描いているのだ。2013年4月に導入した量的・質的金融緩和（QQE）について、以下のように解説している。

◆「名目金利の引き下げ余地が乏しい中で、どうやって予想物価上昇率を政策的に引き上げるか」――これが我々の直面する課題です。そして、「量的・質的金融緩和」がその処方箋なのです。（2013年12月7日、東京大学公共政策大学院）

金融緩和の限界や副作用を説く他の総裁とは異なり、黒田総裁はQQEこそがデフレ脱却に有効な策であると述べ、異次元緩和を正当化している。いったん上がっていた物価がまた伸び悩んだため、日銀は2014年10月にQQEを拡大するが、その際も黒田総裁は以下のように金融緩和限界論に反論する。

◆今、この歩みを止めてはなりません。デフレという慢性疾患を完全に克服するためには、薬は最後までしっかりと飲み切る必要があるのです。中途半端な治療は、かえって病状を拗らせるだけです。（2014年11月5日、きさらぎ会）

薬（QQE）の効能を疑うのではなく、しっかり最後まで飲み切ることによってのみ、デフレという病を完治させることができるというのだ。副作用を恐れてQQEをやめるのは中途半端な治療であり、デフレを長引かせるだけだ。黒田総裁はこのように述べ、異次元緩和の効果を信じるよう、人々に訴えかける。

他の総裁に比べ、黒田総裁はデフレという病の危険性について「慢性病」「活力を奪う」などとより具体的に説明する。そのうえで、デフレに効く薬を処方する名医として日銀を描き、それまでデフレ退治の脇役だった日銀を主役の座に引き上げたのだ。

大胆な金融緩和によってのみ日本はデフレを脱却できると訴え、人々の期待に働きかけることが異次元緩和の特徴だった。つまり人々に政策の効果についてわかりやすく伝えることが最重要課題となる。効果的なメタファーを用いて異次元緩和をアピールすることは、きわめて重要だったに違いない。日銀を経済再生の主役にはっきりと位置付けるこうしたメタファーは、他の総裁にはあまり見られない黒田前期のレトリックの特徴といえよう。

物理学メタファー「経済はメカニズムだ」

経済を物理学の概念で説明するメタファーも中央銀行の世界ではよく登場する。経済を機械にたとえ、景気を刺激するための金融緩和は自動車の「アクセル」を踏むといい、過熱を冷やすための金融引き締めは「ブレーキ」をかける、などといったりする。

こうした一般的なパターンを離れ、少し毛並みの違う物理学メタファーを使ったのが異次元緩和導入当初の黒田総裁だ。以下、いくつか例を見ていこう。

◆「合成の誤謬《ごびゅう》」によるデフレのもとでは、一社だけで価格や賃金の引き上げを実施することは不利益になりますが、多くの企業が同時に価格や賃金の引き上げを行えば、経済全体にプラスに働く訳ですから、政策当局としては、そのように人々のマインドセットを転換できるような大胆な政策を打ち出さなければなりません。要するに、「デフレ均衡」下のゲームのルールを打ち破る必要があるのです。(2013年12月25日、日本経済団体連合会審議員会)

物理学（メカニズム・機械）メタファーの例

対象	メタファーの具体例
経済	均衡
	加速、減速、過熱、停滞
	ハードランディング、ソフトランディング
金融政策	アクセル（緩和）、ブレーキ（引き締め）

均衡とは「幾つかの物・事の間のつり合い」（岩波国語辞典第8版）のことだが、経済学でいえば、需要と供給のバランスが安定した状態を指す。黒田総裁はデフレを一種の均衡と捉え、そうした定常状態を大胆な金融政策で変えられると訴えているのだ。

待っていれば物の価格が下がっていくことに慣れてしまった消費者や、値下げ競争を当たり前と考えるようになった企業。そうしたデフレ心理が社会に深く根付いてしまった状態を、黒田総裁は「デフレ均衡」と名付ける。

いつも安い価格で物やサービスが買える「デフレ均衡」は消費者にとって悪いことではなさそうだが、値上げができない企業は収益が伸びず、賃上げを実施できない。消費は伸びず、結果的に経済は縮小均衡に陥ってしまう。そうした状態を脱し、値上げや賃上げが当たり前という別の均衡状態に移行する必要性について説いている。

では、どうやって均衡点を変えるのか。日銀の強い決意とそれを裏付ける大胆な金融緩和により、「物価は上がらない」という企業や家計のマインドを変え、そうした心理を前提とした社会のルールを変えてしまおうというのだ。このようにして黒田総裁は「デフレ均衡」を打ち破るための政策として異次元緩和を正当化する。日銀は経済のルールをも変え、デフレ脱却に向け能動的に動く存在として描かれている。

当時、2%の物価目標の達成に2年程度という期限を設けたことに対し、世の中では「非現実的だ」との批判が多かった。黒田総裁は以下のように反論する。

◆物価目標の実現をゆっくりやっていれば、賃金の調整もゆっくりになるだけです。これは結局は、「卵が先か鶏が先か」という問題であって、デフレという「竦み（すくみ）」の状況を打破するには、誰かが断固たる決意を持って物事を変えなければなりません。そしてそれが、物価の問題である以上、まず行動すべきは日本銀行です。（2015年11月30日、名古屋での経済界代表者との懇談）

明確な期限を設けず、のらりくらりとやっていてはいつまでも目標は達成できないとしたうえで、デフレを「竦《すく》み」の状況と表現し、それを打ち破る強い決意をもつ存在として日銀を描いている。ここでも日銀はデフレ脱却の主要なアクターだ。

「引力」のように強いデフレ均衡

黒田総裁の物理学メタファーの白眉は、以下の例だ。

◆デフレ均衡はひとつの安定的な状態ですので、そこに向けて引力が働きます。だからこそ、景気の循環的な振幅や金融・財政面の刺激策にもかかわらず、15年も続いてしまったのです。そこから脱出するためには、ロケットが強力な地球の引力圏から離れる時のように、大きな推進力が必要となります。すでに安定軌道を回っている人工衛星とは違うのです。そして、他国の衛星より低い、例えば高度1％の軌道まで辿り着けば十分ということではありません。（2015年2月27日、日本記者クラブ）

物価がなかなか2％目標に届かず、QQEの副作用に対する批判も高まっていたころの講演だ。黒田総裁は「デフレ均衡」を地球の引力にたとえ、その強い力から脱するための推進力をもつロケットとしてQQEを描いている。長年にわたり染みついた「物価は上がらない」という人々の気持ちを変えることは容易ではない。少し変化したと思っても、すぐ引き戻す力が働いてしまう。そうした強力な引力圏を脱するには、QQEのような大胆な政策で、デフレ心理を払拭する必要があると訴えている。人々の期待に働きかけようとするQQEの特徴を捉えた、象徴的な発言といえよう。

同じ講演で、将来の物価について人々がもつ予想（インフレ予想）についても、メタファーを用いて説明している。アメリカのように物価が常に上がっている経済では、中央銀行の物価目標である2％程度にインフレ予想が定着しているという（ちなみに経済学では、こうした状態について「インフレ予想がアンカーされている」というが、ここでもインフレ予想の動きを、船のアンカー〔錨〕にたとえるメタファーが使用されている）。

一方、デフレが長く続いた当時の日本では、インフレ予想は日銀の2％目標に遠く及ばなかった。アメリカのように、2％にアンカーされたインフレ予想をすでに軌道に乗った「人工衛星」とするならば、日本のインフレ予想はまだ安定軌道に達していない衛星なのだ。しかも、望ましい安定軌道は1％程度のインフレではなく、日銀の目標である2％であり、その水準にインフレ予想を定着させることができるよう、ロケットの推進力が必要だと説いている。物価が上がりにくい日本経済には、２％のインフレ目標はそぐわないとの批判は常に存在した。そうした批判に反論し、異次元緩和を正当化するためにロケットのメタファーが使われている。

　ここまでみてきた通り、黒田前期のレトリックで描かれる日銀は、ＱＱＥという薬を処方する医者だったり、ロケットの推進力でインフレ予想を引き上げる科学者だったりする。つまり、日本経済を変える力を持ち、その力を能動的に発揮しようとする存在として描いている。こうしたメタファーを用いる際、黒田総裁は断定調の高いモダリティで語ることが多い。医者であれば効く薬を処方すべきだし、科学者であれば引力圏を脱することができるロケットを作らなければならない。日銀が果たすべき義務は明確であり、曖昧な表現や低いモダリティを使う必要はないということだろう。

赤いネクタイだと緩和に積極的？

　就任当初の黒田総裁は記者会見でも喜色満面で自信に満ち、表情豊かに政策をアピールする姿は、それまでのやや地味な総裁会見と比べると異彩を放つものだった。さまざまな表情の写真が撮れるため、黒田総裁はカメラマンにも人気があった。表情や声の張り、ボディーランゲージ（体の用い方）も重要なコミュニケーションのツールだ。本人がどこまで意識していたかわからないが、表情や話し方からにじみでる情報は多い。このため、筆者は記者会見を取材する際、会見場を出入りするときの歩き方や、会見中の総裁の表情をチェックするようにしている。

黒田総裁のネクタイの色が市場の注目を集めた時期もあった。異次元緩和を打ち出した2013年4月4日のネクタイの色は赤だったが、その後も緩和に積極的なサインを送る際は、赤色のネクタイを着けていることが多かったという。反対に、青色のネクタイを着けているときは、市場の追加緩和期待を冷ましにかかったという。ただこの法則は、日銀がクールビズを導入する夏期には役立たなかった。

最近は総裁の表情をＡＩ（人工知能）で解析し、政策変更のタイミングと相関関係がないか分析する試みもなされているようだ。細かい表情までチェックされてしまう総裁職はなかなか大変だ。ちなみに現在、金融政策決定会合後の総裁定例会見はインターネットで生配信されており、誰でもライブで視聴することができる。

変化した黒田後期のメタファー

ユニークで彩りが豊かだった黒田前期のメタファーだが、後期に入ると変化が起きる。前期ではデフレ脱却の主役として描かれていた日銀が、後期では下記のように変化したのだ。

◆マクロ経済政策の面では、企業がグローバルな「追い風」を最大限活かせるような経済環境を作り出すことが重要です。（中略）具体的には、「イールドカーブ・コントロール」と「オーバーシュート型コミットメント」の２つの柱から成り立っています。この政策の枠組みは、経済や物価を押し上げる「追い風」の効果をさらに強める働きがあります。（２０１６年12月26日、日本経済団体連合会審議員会）

何が変わったか、おわかりだろうか。このころ、異次元緩和導入から3年以上が経過しても2％の物価目標は達成できず、日銀の政策は短期決戦型のＱＱＥから、より長期戦に適したものへと移行する。その変化に併せ、メタファーで描かれる日銀の役割も間接的で消極的なものへと変貌したのだ。日銀の金融政策は、ロケットの推進力で人々の期待を抜本的に転換させる能動的なものではなく、経済に吹く「追い風」を帆に受けて進むヨットのように、外部環境頼みの受動的な存在へと変化している。以下の例でも、黒田後期に生じたレトリックの変化が見て取れる。

◆経済の変化をチャンスに繋げることができれば、感染症の後に、わが国経済が停滞するのではなく、飛躍することができると考えています。そのためには、民間部門の積極的な取り組みが不可欠です。もちろん、公的部門は、そうした取り組みをしっかりと支援します。日本銀行としては、緩和的な金融環境を提供することで、変革に向けた動きを強力にサポートしていきたいと思います。（2020年12月24日、日本経済団体連合会審議員会）

◆企業の皆さまの前向きな取り組みが進展していくことを期待するとともに、日本銀行としても、緩和的な金融環境をしっかりと維持していくことで、それを最大限後押ししていくということを申し上げて、本日のお話を終わらせていただきます。（2022年12月26日、日本経済団体連合会審議員会）

ここでの経済回復の主役は日銀ではなく企業だ。異次元緩和導入時の主体的な役割とは異なり、日銀はサポート役に回っている。これは企業活動を支える存在として金融政策を描いていた前任者たちの姿勢と一致する。黒田前期に見られた特徴的なレトリックは後期になって次第に消えていき、元の日銀スタイルに戻っていった。日銀文学は地球の引力のごとく強力だったようだ。

ピーターパンのメタファー

このように歴代総裁はメタファーを用い、自らの政策について説得力を高め、国民に納得してもらえるよう工夫していたことがわかった。こうしたメタファーを総裁自ら発案することは稀で、講演原稿を作成する企画局の職員たちが知恵を絞る。どのようなメタファーを用いれば日銀のメッセージがわかりやすく伝わるか、ときには議論を重ねながら考案する。

原案を練る日銀の職員は、総裁が過去に書いた著書を研究したり、普段接している中で感じた個性や性格を考慮に入れ、その総裁「らしさ」を思い描きつつ講演原稿を作成するという。つまり講演に登場するメタファーは、日銀という組織が作り出す「総裁らしさ」を体現したものといえよう。

子供の感性が求められるときもある。黒田総裁が2015年の講演で用いた、ピーターパンのメタファーが有名だ。

◆皆様が、子供のころから親しんできたピーターパンの物語に、「飛べるかどうかを疑った瞬間に永遠に飛べなくなってしまう」という言葉があります。大切なことは、前向きな姿勢と確信です。（2015年6月4日、日本銀行金融研究所主催国際コンファランス）

これは「信じれば実現する」というQQEの性質を児童文学の例を用いて説明できないか、日銀内のある部署で思案していたところ、子供と自宅でピーターパンのアニメをみていた職員が思いついたという。講演内容そのものは金融政策運営上の論点についてだったが、人々の期待に働きかける異次元緩和の本質をあまりにも的確に表していたため、大きな反響を呼んだ。

都合の悪い情報を隠し、アピールしたい点を際立たせる

メタファーはただ物事をわかりやすく説明するだけのツールではない。話し手にとって都合の悪い情報を隠し、アピールしたい点を際立たせる機能がある。各総裁の講演を通じ、日銀は何を前面に出し、何を隠そうとしたのだろうか。そしてどのようなナラティブ（物語）を形成しようとしたのだろうか。

速水総裁は、大胆な金融緩和をもとめる声を牽制するため、非伝統的金融政策を「劇薬」と表現することで、その危険性に警鐘を鳴らした。一方、構造改革を「漢方薬」とすることで、その効能を説いていた。

一見もっともなロジックだが、金融緩和推進論者からみれば、非伝統的金融政策の効果を最初から危険なものと決めつけ、退けてしまっているように映るだろう。漢方薬でじわじわ治すことも大切だが、そのような悠長なやり方では手遅れで、目の前にあるデフレや景気低迷をいち早く改善させるために即効性のある金融緩和策を導入すべきだ。こう説く論者もいるだろう。大胆な金融緩和を劇薬とするメタファーを用いることで、速水総裁は非伝統的金融政策の有効性についての議論を遠ざけているようにもみえる。

白川総裁は日本経済を人間の体力にたとえ、デフレは体力が落ちた結果下がっている体温であるとするメタファーを使用した。体力をつけないまま、体温だけを無理やり上げようとしても無理であるように、経済の構造問題を解決することなしに、金融政策のみでデフレを克服することはできないという。

速水総裁同様、白川総裁のメタファーの底流には、デフレは経済低迷の原因ではなく、結果にすぎないというナラティブがある。基礎体力をつけるために運動が必要であるように、経済の底力を上げるための構造改革や企業のイノベーションがあってはじめて、経済はうまく回り始める。このレトリックにおいては、政府や企業の役割が前面に出ているため、デフレそのものがもたらす弊害や、デフレを脱却するために日銀が果たすべき役割についてはあまり焦点が当たらない。

福井総裁は経済を植物の芽にたとえ、将来成長していくために今のうちに「利上げ」という手入れが必要だと説いた。ここでは、利上げがもたらす景気への悪影響よりも、長期的な経済の安定をもたらすといったメリットに焦点が当てられている。景気回復は未だ脆弱、物価上昇率もかろうじてゼロ%近傍という状態の中、なぜ利上げが必要なのか。景気の腰折れを招く心配はないのか。そうした疑問には直接答えず、先々景気が過熱してしまうリスクを未然に防ぐために利上げするというナラティブを形成するうえで、生物メタファーが用いられている。

黒田前期に日銀がメタファーで築いたナラティブは、速水・白川両総裁のものとは対照的だ。デフレは経済低迷の結果にすぎないとする速水・白川両総裁とは異なり、黒田総裁はデフレこそが経済低迷の原因だと断じる。デフレを病、日銀をその病を治す医者とするメタファーを用いることにより、黒田総裁は「異次元緩和で日本はデフレから脱却し、物価目標を達成できる」というナラティブを構築した。大規模金融緩和のもつ力に焦点を当て、その副作用やリスクは隠されている。

黒田後期になると、異次元緩和の副作用が目立つようになり、日銀の金融政策は長期戦型の枠組みに転換する。人々の期待に働きかけ、デフレ心理を一気に払拭するという異次元緩和から、低金利を長く保つことにより、物価が上がるまで辛抱強く景気を支えるという政策へとシフトしたのだ。QQEはメタファーでアピールすべき対象ではなくなり、日銀文学の定型表現に置き換えられていった。

黒田前期と後期におけるレトリック上の違いはメタファーだけでなく、モダリティにおいても存在した。第3章で見た通り、前期には高かったモダリティは、政策に手詰まり感が出る中、後期には低くなっていった。日銀は自らの政策について検証することはあっても、公然と失敗を認めることはきわめて稀だ。だが、レトリックの変化を分析すれば、うまくいかなかった政策から徐々に手を引いていく姿が手に取るようにわかる。

海外中銀のメタファー

ちなみにメタファーは日銀のみならず、欧米の中央銀行のコミュニケーションでもしばしば使用されており、経済や金融政策にまつわるものには共通点が多い。たとえば、「経済は生き物だ」という生物メタファーでいえば、経済活動は「成長」したり「回復」したりと、生命活動にたとえられている。

お金の動きを水にたとえるメタファーも豊富だ。中央銀行が市場にお金を出すことを「流動性」の供給や資金の「注入」と呼んだりする。経済が過熱してしまう様子をバブル（泡）と表現するのもメタファーの一種だ。また中央銀行が出した資金が、銀行の貸し出しを通じて世の中に広まったり、富が企業から家計、富裕層から低所得層に行き渡るさまを「トリクルダウン」（滴り落ちる）と表現することも、水にまつわるメタファーといえよう。

では、アメリカの中央銀行である連邦準備制度理事会（Federal Reserve Board）はどのようなメタファーを使っているのだろうか。ジェイ・パウエル現議長の2024年3月20

日の記者会見を調べてみると、以下のような発言がみつかった。(訳は筆者)。

◆いずれインフレが2%に落ち着くよう(金融政策を)運営する。我々の予想では、財の価格は以前ほど速いペースではなくても落ちていき、(中略)住宅サービス価格や非住宅サービス価格も下落していき、新しい均衡点に到達するだろう。

黒田総裁も使っていた「均衡点」メタファーが登場している。一方、過去の金融緩和局面で累積した大量の国債保有を減らすペースについて、議長はこう述べている。

◆削減ペースを緩めるかもしれないが、それは削減によって生じうる摩擦を避けるためだ。流動性は金融システムに等しく行き渡っているわけではない。全体としては十分、あるいは潤沢すぎる量であっても、金融システムにあまねく行き渡っているとは限らない。潤沢に準備預金が存在しないところにはストレスが生じる恐れがある。

市場に行き渡るお金を示す「流動性」メタファーや、資金の目詰まりが生じるリスクについて「摩擦」と表現する物理学メタファーが使われている。メタファーが、金融政策の効果や経済で起こっている現象について平易に解説するためのレトリック・ツールとして、広範に用いられていることがわかる。

このように経済学にあふれるメタファーだが、経済学者である植田総裁はどのような使い方をしているだろうか。次章では植田総裁のレトリックの特徴と、そこから垣間見える金融政策上のヒントを紹介する。

第5章　植田総裁のレトリックを読み解く

数学から経済学へ

頭は切れるが優柔不断。ユーモアがあり、どこか憎めない性格——学生時代から植田総裁を知る取材先が明かしてくれた植田和男像だ。日本有数の経済学者で、東京大学で教鞭を執っていたころ担当していた「金融論」は簡単には単位を取らせてもらえない厳しい講義だったという。一方、学生と気さくに交流する面もあり、植田ゼミ出身の日銀の取材先によると、飲み会が好きで「どんなに飲んでも酩酊《めいてい》した姿はみたことがない」ほどの酒豪だったという。好奇心旺盛で、金融政策だけでなくデジタル通貨や人工知能（ＡＩ）など最新のテーマにも造詣が深い。

筆者が記者として接していても、質問に対しソフトな語り口でなるべくわかりやすく、丁寧に答えようとする姿勢を感じる。戦後、日銀の総裁は代々日銀と財務省（旧大蔵省を含む）の出身者がほぼ独占してきたポストだったが、植田は初の学者出身の総裁だ。そうしたバックグラウンドが、日銀や財務省といった巨大な組織で鍛えられる定型的なレトリックとは異なる、植田総裁ならではの持ち味を生みだしているのかもしれない。

当初は数学者を目指していたが、途中で経済学に転向した。１９７４年に東京大学理学部数学科を卒業した後、同大学の経済学部に学士入学し、名門米マサチューセッツ工科大学で博士号を取得。東京大学だけでなく、カナダのブリティッシュ・コロンビア大学や大阪大学でも教鞭を執っている。日銀広報誌のインタビューによると、金融を専門にしたのは「貨幣やマネーのある種の神秘性」に惹かれたからだという。

象牙の塔にこもることなく、研究者としての知見を実務に生かすタイプの学者だ。アメリカで学んだ経済理論をそのまま当てはめても日本経済の実態には合わないと感じ、日本の経済政策の現場を知るために、１９８５年に大蔵省（現・財務省）財政金融研究所の主任研究官に就任。また、１９９８年４月から７年間、日銀政策委員会の審議委員を務め、ゼロ金利政策や量的緩和の導入に関与した。こうした現場を重んじる研究者の姿勢は、マサチューセッツ工科大学時代の師、スタンレー・フィッシャー教授（２００５～２０１３年イスラエル中央銀行総裁）の影響が大きい。同教授の門下生にはマリオ・ドラギ元欧州中央銀行総裁やベン・バーナンキ元米連邦準備制度理事会（通称ＦＲＢ）議長がいる。

英語力はネイティブ並みで、総裁就任後に登壇した欧州でのパネルディスカッションではジョークをとばして会場の笑いを誘った。この点は、経済の課題や金融政策の理論について各国の当局者たちと忌憚なく意見を交換できるため有利だ。とりわけ各国の中銀総裁たちとは、国際会議で頻繁に顔を合わせ、信頼関係を築くことが大切だ。コーヒー・タイムに英語でさりげない会話ができるだけで、平場の会議ではわからない情報を得られたり、日本の金融政策について海外での理解を深めてもらうことができるだろう。

インタビュー等での本人の談によると近年は健康管理を徹底、その方法も科学的だ。野菜をなるべく多く摂って、毎日朝と午後決まった時間にラジオ体操。夜は風呂に長めに入ってからストレッチをするという。一番好きな時間の使い方は「考えること」。海外出張の長時間フライトでは、本や映画などなくても色々なことを考えているだけで十分だという。まさに学者になるために生まれてきたような人物だ。

「チャレンジ」好き?

過去に例をみない大規模緩和を手仕舞うという未踏の難事業を引き受けた植田総裁。苦難に満ちた5年になることは目に見えていた。それでも引き受けた背景には日銀の審議委員として非伝統的な金融緩和政策の導入に関わった経験があるだろう。長引く景気低迷やデフレから日本経済を救い出すべく悪戦苦闘していた日銀だが、成果がなかなか出ないいま短期金利はゼロ%に到達し、追加の下げ余地はなくなってしまった。その際、植田委員の発案で日銀が1999年に打ち出したのが「時間軸効果」と呼ばれる政策だ。デフレ懸念が払拭されるまでゼロ金利を続けると約束することで長期金利を押し下げ、景気を刺激する。約束というレトリックの力で金融緩和効果を前借りする画期的な政策手段で、その後他の中央銀行の間でも普及した。

植田委員は日銀が2000年にゼロ金利を解除した際、もう少し株式市場の動向等を見極めるべきだとして、金融政策決定会合で反対票を投じている。その後の景気悪化で日銀は批判を浴び、量的緩和を導入するも物価は低迷を続ける。一度金利がゼロに到達してしまった中央銀行の政策運営がいかに難しいか、身をもって経験したといえる。

長いデフレの歴史を経てようやく「物価が普通に上がる経済」に戻りつつある日本。この絶好のチャンスを逃さないよう、自ら金融政策の舵取りを担おうと考えたとしてもおかしくない。持続的に物価目標が達成されれば大規模な金融緩和を手仕舞っていくが、未達のままであれば、日本経済はデフレに戻ってしまう。どちらに転んでも大変で、そうした環境下の総裁職は「チャレンジングな仕事」だが、挑戦してみたいと感じたという（広報誌「にちぎん」より）。

第2章でも触れたが植田総裁には2023年暮れ、今後の取り組みを国会議員に問われた際、「年末から来年にかけて一段とチャレンジングになる」と答え、市場で早期利上げ観測が一気に高まったというエピソードがある。どうやら「チャレンジング」が口癖のようだ。確かに総裁職はチャレンジに満ちている。経済の予測は難しいうえ、景気が低迷したりインフレが高進すれば批判の矢面に立たされる。国会に頻繁に呼ばれて厳しい質問を受けたり、何気なく発した一言が思いがけない反響を呼んでしまうこともある。

辛《つら》いことがあるとき、植田総裁はどうしているのか。就任会見で座右の銘を問われた際、何か格言を大事にもって生きていくということはなかったと謝りつつ、「せいぜい辛いことがあっても明るく粘り強くやっていこうという程度」と答えている。チャレンジングな状況にもポジティブに向き合う、ということだろうか。

論理的に、わかりやすく

そんな植田総裁だが、就任以降大規模緩和からの出口を見据え、着々と布石を打っていった。2023年には長期金利をゼロ%近傍に抑え込む長短金利操作（イールドカーブ・コントロール）を徐々に解体し、年末にかけてマイナス金利解除に向けた準備を内々に進めていった。

2024年3月にはマイナス金利の解除を決め、短期金利を0～0・1%程度に引き上げた。イールドカーブ・コントロールやリスク資産の買入れも終了し、大規模緩和は大きな転換点を迎える。

同7月には国債買入れの減額計画を決定し、10年以上に及ぶ異次元緩和で膨れ上がった日銀のバランスシートの縮小に向けて動きだした。同時に短期政策金利を0・25%に引き上げ、日銀が本格的な利上げサイクルに入ったことを宣言した。

この過程における植田総裁のレトリックの特徴はどのようなものだろうか。本人によると、コミュニケーション上心がけていることは、「論理的に判断し、できるだけわかりやすく説明すること」だそうだ。この思いは、植田総裁の講演や記者会見・国会での発言によく表れている。

たとえば講演では、これまでの総裁があまり用いることのなかった「一問一答形式」が登場する。金融政策についてよく受ける質問をいくつか挙げ、ひとつずつ答えていくというものだ。経済・物価の先行きや金融政策運営について一方的に語るのではなく、より双方向に近い形にし、国民や市場参加者が抱く素朴な疑問に平易に答えようとする姿勢が見て取れる。

もうひとつ特徴的なパターンが、経済や金融政策について、過去・現在・未来と時系列に分けて説明するものだ。「時計の針」を日本がデフレで苦しんでいた過去に戻し、その歴史を振り返ったうえで、現在の経済の状態を説明し、将来の金融政策の方針について語るスタイルだ。過去の教訓を踏まえたうえで、現在起きている現象や将来の政策について述べる。学者としての植田総裁らしさがでているといえよう。

わかりやすさのジレンマ

わかりやすさを重視する点は前任の黒田総裁と共通するが、そのスタイルは大きく異なる。異次元緩和導入当初、黒田総裁が追求したわかりやすさは、平易な言葉で同じメッセージを繰り返すことだった。大規模な金融緩和と日銀の強い決意によって日本はデフレを脱却できると強調することで、人々の期待を変えようとしたのだ。黒田総裁は国会答弁や記者会見でも想定問答からあまり逸脱せず、一貫してこのメッセージを伝え続けた。

これに対し、植田総裁の発言はバリエーションに富んでいる。学術用語も登場し、わからないことはわからないと率直に認める。記者会見や国会で説明する際、想定問答はあまり読まず、自らの言葉で語ることが多い。木で鼻をくくったような発言より聞き手にとっては面白いが、こうしたコミュニケーションには危険も潜む。

同じ趣旨の質問を何度か受けた際、表現を言い換えたり、より詳細に解説しようとすると、そのたびにニュアンスが変わり、誤解を招いてしまうことがあるのだ。その例が2024年4月26日の記者会見だ。記者からは足元で進行中の円安が物価に与える影響について質問が集中し、総裁は当初、以下のように回答した（傍線が主張のポイントと思われる部分）。

◆為替が何円から何円に、若干円安になるということのインフレ率への影響は、通常一時的にとどまるということだと思います。しかし、これが長期化するという場合も、繰り返しですがゼロではなくて、それはいったんインフレ率に影響が出て、それが例えば、今年であれば24年のインフレ率に影響が出て、来年の25年の春闘の賃金上昇率に跳ねるようなことになれば、それは影響が長期化する、あるいは「第二の力」に影響する基調的物価の動きに影響するということになるということだと思います（中略）仮にそういうルートを考えるとして、来年の春闘まで待たないと判断できないのかと問われますと、そうではなくて、そういう動きが予想できるような状況になれば、それはもっと手前で（筆者注・利上げを）判断できるということではあるかなとは思います。

円安の影響は今のところ限定的だが、将来物価を思いのほか押し上げるかもしれないので注視するという。物価上昇の程度によっては、利上げのタイミングを早める可能性も示唆しており、円安が物価に及ぼす影響を軽視しているようには思えない。

だがこの後も、会見での質問は、円安が物価や金融政策に与える短期的な影響に集中した。円安の影響について再度問われ、植田総裁は「取りあえず大きな影響はない」と返した。同じ記者から「つまり今回は、基調的な物価上昇率への影響は無視できる範囲だったということか」と確認されると、ひとこと「はい」と答えたのだ。会見場で聞いていた筆者は、総裁が言葉を継がないことに多少違和感を覚えたものの、さほど気にせずメモを取り続けていた。だがこのやりとりの直後、円相場は急落した。

植田総裁の発言は経済理論上は何ら問題ない。円安の影響で輸入コストが上昇しても、さまざまな物の値上げにつながるには数か月かかるため、短期的な影響は確かに限定的だ。何らかのきっかけで、為替相場が円高に転じる可能性もある。より長い時間軸で物価の先行きを見ながら政策運営する日銀にとって、短期的な為替変動は金融政策を直ちに変更する理由にはなりづらい。

だが、この一連の発言は、円安による値上げで生活が苦しくなった人々の不満に対し、日銀は無頓着であるかのような印象を与えてしまった。市場では日銀が早期利上げに慎重であるとの見方が広がり、円相場は節目である１ドル１６０円まで急落。翌週、政府が円安に歯止めをかけるための為替介入を実施する事態となった。

為替にまつわる発言は金融市場で材料視されやすく、言質を取られないよう注意が必要だ。財務官出身の黒田総裁であれば、「為替の影響は今後もよく注視したい」などと無難な表現にとどめていたかもしれないが、植田総裁はそうはしなかった。

利上げのタイミングについてのヒントを虎視眈々と狙う市場参加者は、総裁発言のほんの小さな表現の違いも政策上のメッセージと受け止める。前後の文脈を考慮に入れず、発言の断片だけを捉えて取引をする投資家もいる。植田総裁は、そうした金融市場との厳しいコミュニケーションは苦手なようだ。

伝えたいメッセージを色々と言い換えて発言するたびに、ミスコミュニケーションの余地が生まれてしまう。聞き手に真意が伝わるよう工夫して解説しようとする植田総裁のサービス精神が、裏目にでてしまった。政策的意図がある表現の変化と、そうではない説明上の言い換えの区別はなかなかつきにくい。わかりやすさと正確性のトレード・オフといえよう。

政治的にも波紋を呼んだ4月の会見以降、植田総裁の円安関連発言は大きく変化する。5月7日に岸田文雄首相と面会後、記者団に対し「円安についてはは日銀の政策運営上、十分注視をしていくことを確認した」と述べた。以降、円安が物価を押し上げる力が以前より高まっていること、そうした力により物価が上振れるリスクが高まった場合は利上げしうることを強調し、より明快に円安を牽制する場面が増えている。4月会見の教訓を踏まえ、円安についての見解を軌道修正したものと思われる。

日銀が7月に利上げした際も、植田総裁はその判断材料のひとつとして、円安による輸入価格上昇や、それに伴う物価の上振れリスクの高まりを挙げた。為替は日銀にとっての鬼門でありつづけることを示す、象徴的なエピソードといえよう。

モダリティは低めか

では、植田総裁はどのようなモダリティを使っているだろうか。将来の出来事についいてどれだけ確信をもって語っているかを示すモダリティをみれば、植田総裁のレトリックの特徴や、将来の政策についてのヒントの出し方がわかるかもしれない。

２０２３年４月に就任して以降、金融政策を主要テーマにした講演は６本とまだ少ない。

このため、金融政策決定会合後の定例記者会見（２０２４年７月会合分まで）やメディアとのインタビュー（２０２３年９月読売新聞、２０２３年12月ＮＨＫ、２０２４年４月朝日新聞）を加えたデータを分析した。その結果、高モダリティの比率は28％、中モダリティは59％、低モダリティは13％となった。植田総裁のモダリティは総じて低めだ。

市場へのインパクトを大きくしたい緩和拡大時とは異なり、緩和の縮小局面におけるコミュニケーションはデリケートだ。利上げの可能性を強く示唆し過ぎると、長期金利が急騰し、市場の混乱を招く恐れがある。かといって事前のサインなく進めてしまうと、実際に利上げした際、意表を突かれた市場がやはり動揺する可能性がある。

実際の利上げのタイミングやペースについては、経済情勢を見極めつつ慎重に決めたいと考えるのが自然だろう。そうであれば、先行きの金融政策についてあまり強い約束はせず、直前までフリーハンドを保っておきたい。低いモダリティはそうした日銀の事情を反映している。

植田総裁の個性も影響しているかもしれない。植田を良く知る人物によると、分析型の白川総裁と決断型の黒田総裁のちょうど中間のタイプで、様々な選択肢をじっくり比較してから決めるバランス型だという。事前に大きな方向性を決めてしまうよりも、直前まで慎重に様々な材料を分析したうえで判断する性格らしい。あらゆる選択肢を最後まで残しておきたいのであれば、将来の政策について語る際、モダリティは低めになるだろう。

こうした特徴は記者会見でも現れる。質問されると少し間を置き、じっと考えてから口を開くことが多い。質問の趣旨を丁寧に確認し、どうすれば最もわかりやすく伝えられるか、言葉を選びながら答えているようにみえる。日銀内部の会議でも、じっくり考え込むようにしながら周りの意見を静かに聞き、最後に自分の考えを「ぼそっとつぶやく」タイプだという。

だが、モダリティが低いからといって、将来の政策についてまったくヒントを出していないわけではない。主な発言を追っていくと、むしろ能動的にシグナルを送っていたことがわかる。

2024年3月にマイナス金利を解除した際は、当面の間は粘り強く低金利を維持していくことを強調していた日銀だが、4月以降、徐々に姿勢を変化させていく。4月の金融政策決定会合後に公表された経済・物価の中長期的な見通しを示す展望レポートでは、2025年度、2026年度共に、消費者物価指数（除く生鮮食品）の前年比上昇率が目標である2％近傍で推移する予想を出した。会合後の記者会見で植田総裁は、物価がこの想定通りに推移すれば、短期金利を数回引き上げることになると示唆したのだ。将来の利上げを市場に織り込ませるためのかなり踏み込んだ発言だったが、前述の円安容認発言騒動の陰に隠れ、かすんでしまった。このため、植田総裁は5月8日の講演で再度この点に言及している（傍線がモダリティ該当部分）。

◆先行き、見通しに沿って基調的な物価上昇率が高まっていけば、「物価安定の目標」実現の観点から適切となる金融緩和の程度も変化しますので、緩和度合いを調整していくことになると考えられます。また、経済・物価見通しやそれを巡るリスクが変化すれば、当然、金利を動かす理由となります。（2024年5月8日、読売国際経済懇話会）

物価が4月に公表した見通し通りに推移すれば、緩和度合いを調整（利上げ）していくと明言している。また、インフレが予想より加速する可能性があれば、「当然」金利を動かすと、高いモダリティで強調している。遠からず金利を再び引き上げ、その後も断続的に利上げしていくパスを日銀が視野に入れていることは間違いない。

一方、日銀の見通しに対する自信のなさが出ているのが以下のくだりだ。

◆物価を巡るリスクが上下双方向に引き続き大きいことは認識しておく必要があります。仮に、物価見通しが上振れたり、あるいは上振れリスクが大きくなった場合には、金利をより早めに調整していくことが適当になると考えられます。一方、見通しが下振れたり、下振れリスクが高まった場合には、現在の緩和的な環境をより長く維持していくことが求められます。（同前）

リスクの高さを強調したり低いモダリティを使ったりしており、将来の政策についての強い確信は感じられない。物価の情勢次第では、今の低金利をしばらく維持する可能性もあるという。利上げの可能性を強く示唆しつつも、実行するかは経済情勢次第というわけだ。

長年デフレや低インフレを経験した日本。ようやく物価や賃金が継続的に上がる展望が開けてきたとはいえ、そうした動きは原材料価格の高騰や人手不足といった供給要因によるところが大きい。大企業だけでなく中小企業にも賃上げが広がらないと消費は落ち込んでしまい、物価は伸び悩むかもしれない。そのリスクが依然大きいことへの日銀の警戒感がにじんでいるといえよう。

その後円安はさらに進み、輸入コスト上昇によるインフレ圧力の高まりが意識されるようになると、日銀は物価の上振れリスクへの警戒感をより鮮明にする。企業がすでに賃上げや値上げに積極的になっている環境では、円安によるコスト上昇の価格転嫁がこれまで以上に進みやすく、インフレが加速しやすいと説明し始めたのだ。６月の金融政策決定会合後の記者会見で植田総裁は最近の円安について「物価の上振れ要因であり、政策運営上十分に注視しています」と述べ、利上げの可能性を強く示唆した。そして翌７月、短期金利を０・25％に引き上げ、今後も断続的に利上げしていく姿勢を鮮明にした。金融政策を正常化していく中、緩和という経済の補助輪を少しずつ外そうとしていることが見て取れる。

植物の「芽」が好き

次に植田総裁の用いているメタファーをみていこう。第4章で紹介したように、メタファー(隠喩)とは、あることがらについて、「〜のようだ」などの形ではなく、直接別の例を用いて表現することだ。複雑な事象をわかりやすいたとえで置き換えたり、聞き手に強い印象を与えたいときに用いられ、経済学の世界でも頻繁に登場する。

金融政策においては、経済を人間や生き物にたとえる「経済は生き物だ」というような生物学メタファーと、経済を自然現象や機械にたとえる「経済はメカニズム(機械)だ」というような物理学メタファーがあることはすでに紹介した通りだ。

植田総裁のテキストを読み解くと、どちらも登場していることがわかる。まず気づくのが、経済の前向きな動きについて、植物の芽にたとえるメタファーを多用していることだ。2023年4月10日の総裁就任会見では、以下のように述べている(傍線がメタファー該当部分)。

◆国会の審議で申し上げましたように、物価に関して良い動き、良い芽が出てきているということは確かかなと思います。別の表現で言えば、基調的なインフレ率が少し上がってきているという動きが出ている。

その約1か月後（5月19日）の、内外情勢調査会における講演でも登場する。

◆これをわが国の現状に引き直しますと、拙速な政策転換を行うことで、ようやくみえてきた2%達成の「芽」を摘んでしまうことになった場合のコストはきわめて大きいと考えられます。（中略）この「芽」を大事に育て、賃金の上昇を伴う形で、2%の「物価安定の目標」を持続的・安定的に実現することを目指します。

賃金や物価がようやく上がり始めた状態を植物の芽にたとえ、ショックを与えるような拙速な金融緩和の縮小はできない旨、念を押している。総裁就任当初、インフレはすでに物価目標である2%を超えていたが、じっくり様子を見ながら慎重に大規模緩和の出口のタイミングを窺っていた様子が見て取れる。その後、この芽はどうなったのだろうか。

◆（安定的に物価上昇率2%が続く）物価目標実現に向けてよい「芽」は育ちつつあ

るものの、まだ達成が見える段階ではない。（２０２３年９月９日付、読売新聞インタビュー）

◆わが国経済は、賃金と物価の好循環が実現するかの正念場を迎えており、変化の「芽」を大事に育てていくことが重要な局面にあります。（２０２３年９月25日、大阪経済４団体共催懇談会）

◆ここに来て、足元のインフレやことしの春の賃金上昇など、かなり〝良い芽〟が出てきている中で、企業の行動にも少しずつ変化が見られつつあると思っています。これを育てて、賃金物価の好循環にたどりつけばというのが現在考えていることです。（中略）育ってきた賃金物価の好循環の〝芽〟をもう少し育てて、インフレ率でいえば２％くらいのところに着地させることを目指したいと思います。（２０２３年12月27日配信、ＮＨＫインタビュー）

芽は少しずつ育ったようだ。だが、植田総裁が見るに、日本経済に生じつつある芽は繊細で、すくすく育っているように見えても、天候不順や害虫被害といったショックですぐに枯れてしまう存在なのだろう。25年もの間、物価も賃金も上がらなかった経済なので無理もない。芽は順調に育ちそうなのでマイナス金利は解除したが、この先の利上げは芽の成長次第ということだったのだろう。その４か月後に利上げを実施したということは、「芽」は大きく成長するだろうとの期待が、確信に変わりつつあるのかもしれない。

ちなみに第4章で紹介したように、同じ「芽」のメタファーを用いた総裁がいる。量的緩和を２００6年3月に解除し、その後短期金利を０・５％まで引き上げていった福井総裁だ。利上げ局面を主導したという面において、福井総裁と植田総裁は共通している。利上げは景気を冷やす方向に働く不人気な判断だ。景気の悪化を懸念する政治家を刺激したり、長期金利が急騰したりしないよう、慎重なコミュニケーションが求められる。その際のレトリックに福井・植田両総裁が同じメタファーを選んだのは興味深い。

なお、植田総裁同様、福井総裁も利上げを視野に入れた時期のモダリティは低めだった。利上げについての発信は市場の動揺を招く恐れがあるため、曖昧な表現にしておく誘因が働くのだろう。そうしたヘッジ表現に包まれた日銀の「本音」をいかに読み取るかが、政策の先行きを予測するうえで重要だろう。

物理学メタファーも頻出

経済学の世界では景気の先行きを予測したり、経済に起きている現象を説明するために様々なモデルを使用する。日銀でも行内のエコノミストたちが、モデルに変数を入れて経済・物価の予測をはじき出す。それをもとに最高意思決定機関である政策委員会（ボード）のメンバーたちが立てた予想を集計したものが、日銀としての正式な見通しとなる。モデルを回す作業は専門知識が必要で手間もかかるため、実際に手を動かす幹部は少ない。だが植田総裁は、ときに自分でモデルを回して分析を示し、部下たちをびっくりさせることがあるという。

このように生粋の経済学者である植田総裁は、物理学由来のメタファーもたびたび使っている。2023年9月25日の大阪経済4団体共催懇談会講演から登場した、物価の動きを「力」にたとえるメタファーがその一例だ。見た目の消費者物価上昇率はすでに長期間、日銀の目標である2%を超えているのに、なぜ日銀はマイナス金利を解除しないのか。その理由を説明するために、このメタファーが用いられている。

2022年から続く物価上昇について、日銀は「二つの力」が作用しているとする。「第一の力」は、高騰する輸入物価を価格に転嫁する動きにより生じた値上げだ。コスト高による食料品や日用品の値上げは、この「第一の力」に分類される。こうした動きは原材料価格の上昇が一服すると減衰するため、一時的だという。

より重要なのは、景気が改善することで賃金が上がり、それが物価の上昇につながるという、消費や景気の強さから生じる物価上昇であり、これを日銀は「第二の力」と表現する。この第二の力が強まって初めて物価は持続的に２％で推移し、利上げする環境が整うというのだ。この大阪講演で、総裁は次のように述べている。

◆日本銀行としては、物価を押し上げる主役が「第一の力」から「第二の力」に徐々にバトンタッチし、賃金と物価の好循環が強まっていく姿をメインシナリオと考えています。

物価が上がれば即利上げという単純な話ではなく、上昇の背景も考慮に入れて判断する。この点について物理学メタファーを用いて説明しているのが特徴だ。

経済の動きを自然界における循環にたとえて説明するメタファーも登場する。景気を拡大と停滞を繰り返す循環として捉えることは経済学では一般的だが、植田総裁は賃金と物価の関係を「好循環」というメタファーで説明する。物価上昇を受けて企業が賃金を上げれば、家計は消費を増やし、堅調な内需により企業の値上げ余地が生まれる。こうした循環が一過性ではなく、継続することが重要だという。以下がその例だ。

◆景気が内需主導で持続的に回復し、賃金と物価の好循環が強まっていくためには、企業収益の増加が家計所得の向上につながることが不可欠です。（中略）もっとも、今後、賃金と物価の好循環が強まり、2％の「物価安定の目標」が持続的・安定的に実現する確度が十分高まれば、わが国でも、金融政策の変更を検討していくことになります。（2023年12月25日、日本経済団体連合会審議員会）

この講演で総裁は、賃金・物価が「動く」世界は、「動かない」世界より企業にとって望ましいのだと訴える。値上げがしづらい社会では、他社との熾烈な値下げ競争で体力を消耗し、賃金もなかなか上げられない。コストを応分に転嫁し、値上げできる社会の方がイノベーションが生まれ、設備や人への投資をしやすくなるというのだ。物価や賃金を動態的に捉える、経済学者の植田総裁らしいメタファーだ。

だが、このメタファーには盲点がある。賃金という遅行指数に金融政策がしばられる恐れがあるのだ。物価と賃金が相乗効果で共にどんどん上がっていくと、望ましくない高インフレにつながる恐れがある。そうした事態を未然に防ぐため、早めに利上げするのが世界の中央銀行では常識だ。デフレが長引いた日本でインフレ予想を押し上げるため、日銀はあえてタブーを冒しているともいえる。

今やインフレ率は2年以上目標の2％を超え、値上げが常態化する兆候がある。好循環をじっと待ったまま低金利を維持し続けると、思いのほかインフレが加速してしまい、後になって急速な利上げを迫られるかもしれない。こうした心配の声は、日銀が2024年7月に利上げする何か月も前から、一部のボードメンバーの間で上がっていたことが、金融政策決定会合の議事要旨などから明らかになっている。この懸念がボード内で広がったことが、利上げの一因となったのだろう。だとすれば、このメタファーは総裁のレトリックからひっそりと消えていくかもしれない。

「普通の金融政策」への回帰

日銀総裁は経済や金融政策について説得力のあるナラティブを発信する、組織のトップ・スポークスパーソンだ。経済や物価の先行きについて予測を示し、金融政策の方向性について市場や国民にわかりやすく伝えなければいけない。見通しが実態と乖離《かいり》していたり、実施している政策と整合性がとれていないと、日銀のナラティブは説得力をもたない。また、当初説得力が高かったナラティブでも、経済情勢の変化や世論の関心の移り変わりで支持を失うこともある。

第2章でみたように、日銀は1998年の新日銀法施行以降、2回大きなナラティブの転換を経験した。1回目は2013年に就任した黒田総裁のもと、異次元緩和を導入し、おおむね2年間と期限を切って2%の物価目標達成を約束したときだ。「金融緩和のみではデフレは脱却できない」というそれまでの説明から、「大胆な金融緩和によってのみ、デフレは脱却できる」という新しいナラティブに転換することで、デフレ心理の払拭を試みた。

2回目は、物価目標未達の時期が長引いたため、2016年にイールドカーブ・コントロールを導入し、「短期決戦によりデフレ心理を払拭する」姿勢から「粘り強く金融緩和を続ける」アプローチへ転換したときだ。いずれも金融政策の大きな転換に伴って、ナラティブに断絶が生じた。

2023年4月に植田総裁が就任すると、日銀は大規模緩和の出口を模索するが、そのプロセスは慎重に進めなければならなかった。脆弱な経済が金融緩和の縮小に耐えられるのか不透明だったし、長年にわたる超低金利に慣れ切ってしまった市場が利上げのシグナルにどう反応するか、不確実性が高かった。

このため、就任当初のコミュニケーションは「緩和の出口は急がない」というメッセージを伝えることに注力した。市場では早期マイナス金利解除の観測がくすぶり続けたが、植田総裁は政策変更のタイミングについて言質を取られないよう、低いモダリティを使い続けたのだ。また、継続的な物価上昇の兆しを植物の「芽」にたとえ、育ちつつある芽を摘んでしまわないよう、金融緩和の正常化には十分時間をかける方針を示していた。

そして機が熟したとみた2024年3月、日銀は大規模緩和を終了し、植田総裁の言葉を借りるなら「普通の金融政策」に戻った。この金融政策上の大きな変化によって、日銀のナラティブは3回目の転換点を迎えたといえよう。

「量的・質的金融緩和」（QQE）にせよ、イールドカーブ・コントロールにせよ、黒田総裁のもとでの金融政策は、金利がゼロ％まで下がってしまい、経済を刺激する有効な手段を持たなくなってしまった結果、生みだされたものだった。短期金利の下げ余地がない中、大量の国債購入や、将来の金融緩和に対する強いコミットメントといった非伝統的金融政策で長期金利を押し下げるしかなかったのだ。言葉により人々の期待に働きかける、いわば「ナラティブ偏重型」の金融政策だ。

2024年3月のマイナス金利解除は、そうしたナラティブ偏重型政策の終了宣言でもあった。今後は経済情勢の変化に応じて金利を上げ下げする、通常の金融政策に戻る。将来の政策への強い約束は消え、日々の経済指標が示すリアルな経済の動きに応じて、金融政策を決めていくのだ。データをもとに経済・物価の先行きを予想し、最適の金利水準を決めていく政策には、断定調の強いモダリティや、講演に彩りを添えるメタファーの入り込む余地は少ないのかもしれない。

とはいえ、利上げのタイミングやペースが不確実であればあるほど、その判断材料や根拠をわかりやすく示し、市場の混乱を避けなければいけない。金利のある世界における植田総裁のナラティブとはどのようなものになるのか。そのヒントはすでに出始めている。

キーワード①「基調的な物価上昇率」

まず、キーワードとなるのは「基調的な物価上昇率」だ。原油などの資源価格高や円安による輸入コストの上昇などの一時的な要因を取り除いた、いわば根っこの物価上昇率だ。基調的な物価上昇率が伸びるというのは、賃上げが続くことによって家計の所得や消費が伸び、企業が値上げを進めやすくなるといった形で、物価と賃金が共に上がっていく姿を指す。植田総裁によると、基調的な物価上昇率が持続的に目標である２％を達成できそうであれば、断続的に利上げしていくという。

どのような指標を見れば基調的な物価上昇率の推移がわかるのか。日銀によれば、単一の指標で判明するものではなく、一時的な変動要因の影響を受けにくい品目の価格動向や、サービス価格の推移、さらには人々の物価観を示すインフレ予想など、様々な要素を総合的に見て判断するという。総裁は２０２４年４月26日の記者会見で、基調的な物価上昇率は１・５％あたりで推移しており、今後２％に近付いていく見通しだと述べている。その見通しの的中率が高まったと判断し、７月31日に金利を引き上げた。今後も基調的な物価上昇率の動向について総裁がどう表現するかが、再利上げのタイミングを予想するうえで重要だ。

この「基調的な物価上昇率」を起点にした説明は、理論的には筋が通っているが、わかりやすさという点では難がある。日銀が物価目標と定義しているのは、あくまで一般的な物価指標である消費者物価だ。これとは異なる基調を見て政策を判断すると説明されても、ぴんとこない人が多いのではないか。少なくとも筆者の家族や友人の中で、この解説を聞いて「なるほど」と納得した者は皆無だった。

キーワード②「ノルム」

日銀がマイナス金利を解除して以降、使用頻度が増えているもうひとつのキーワードに「ノルム」（規範）がある。日本経済が長い間デフレに陥った結果、「物価と賃金は上がらないものだ」という考え方が世の中に定着してしまった。一度社会通念となってしまうと、それを前提とした企業や家計の考え方や行動を変えるのは容易ではない。日銀がいくら金融緩和を強化してもなかなか物価が上がらなかったのはこのためだという。黒田総裁は退任後、異次元緩和をもってしても、こうしたノルムを克服することは難しかったと回顧している。

だが、日銀によると、このデフレ的なノルムが最近変わりつつあるという。2024年には2年連続で大幅な賃上げが実現し、大企業だけでなく中小企業にも給料を上げる動きが広がった。当初は値上げに慎重だった企業も、輸入コストや人件費を転嫁することに抵抗感がなくなっている。

賃上げが続くとみれば、家計は消費を増やし、企業も値上げをしやすくなる。値上げで得た原資で企業は賃上げを続けられる。人手不足に直面している企業が賃上げを続ければ、デフレ的なノルムを克服することができるというのだ。

2024年5月に講演した内田副総裁は、構造的な人手不足もあり、日本のデフレ的なノルムは解消に向かっていると述べ、デフレとの闘いについて実質的な勝利宣言をした。経済に構造的な変化が起き、物価や賃金が継続的に上がるようになれば、日銀が多少金利を引き上げたところで、経済に大きなダメージを与えることはないということだろう。このようにみていくと、ノルムという言葉は、日銀が今後視野に入れる利上げを正当化するために使われていることがわかる。

植田日銀の今後を予測する

植田総裁の下、日銀は金融政策の正常化に向け最初の一歩を踏み出した。今後は長年の低金利に慣れ切った市場に大きな動揺を招かないよう、細心の注意を払いながら金利を引き上げていくという難路が待ち受ける。ここまで見てきた通り、植田総裁のレトリックは総じてモダリティが低く、植物の芽というメタファーを用いながら、金融緩和の縮小は慎重かつゆっくりと進めていくことを示していた。

だが、仔細に見ると、その発言には将来の利上げについての決意が見え隠れする。2024年3月にマイナス金利を解除した直後は、超低金利を長く維持することを強調するハト派的な発信が多かったが、その後、徐々に将来の利上げを示唆するタカ派的なシグナルが増えていき、7月には実際に短期政策金利を引き上げた。植田日銀が、今後も数年にわたって利上げを進めることを視野に入れているのは間違いない。

ここまで植田総裁のレトリックの特徴をみてきたが、将来の金融政策を予想するうえで、どのようなポイントに注目すればよいだろうか。また、すでに出ているヒントから日銀の進める利上げのパスについて何がわかるだろうか。日々の取材での感触も考慮にいれたうえで、植田日銀の政策の行方について仮説を立ててみたい。

どの程度まで利上げするのか

インフレ率が高まる中においても、日本では名目金利はほぼゼロ%で据え置かれている。このため、実質金利は大幅なマイナスで、非常に強い金融緩和状態が維持されているといえる。また、日銀が過去に買入れた大量の国債を保有し続けていることも、長期金利を低位に抑えることで緩和効果を生んでいる。こうした影響も考慮に入れたうえで、短期金利を適切な水準に誘導することが望ましいというのが日銀の説明だ。今後段階的に利上げをすべく、理論武装をしていることがわかる。経済がよほど大きなショックに見舞われない限り、数回の利上げはいわば既定路線なのだ。

２０２４年７月に０・25％に引き上げられた短期金利だが、最終的にどれくらいの水準まで上がるのだろうか。政策上のフリーハンドを残しておくためか、日銀は特定の数字を示していない。だが、長い目でみた適切な金利水準を考える際、参考にしている研究をレポートなどで紹介している。それによると、２０２６年度までに少なくとも１％、場合によっては１・５％まで短期金利を引き上げるだろうというのが、多くのエコノミストたちの見立てだ。２０２４年内にもう１回、２０２５年と２０２６年に数回ずつ利上げしていくイメージだ。

植田総裁は２０２４年７月に利上げを決断した際、物価の影響を勘案した実質金利はまだ「非常に深いマイナス」にあり、０・25％という短期金利の水準は、景気に中立的と思われるレベルに比べ「かなり下」だろうと述べた。ここから推測されるのは、日銀は、多少経済指標が弱めでも0・75％までの利上げは、緩和度合いの調整として粛々と実施していく可能性が高いということだ。

オントラックならば利上げ

2024年1月、植田総裁は持続的な形で2％の物価目標を達成する「確度」が「少しずつ高まっている」と説明し、政策変更の時期が近付いていることを示唆した。その2か月後、その確度が十分に高まったとして、日銀はマイナス金利を解除した。つまり、数か月前から政策変更のヒントを出していたということだ。

マイナス金利解除の直前には高田創・中川順子両審議委員が講演し、物価目標達成について自信を深めていることを示唆した。内田副総裁も2月に講演し、マイナス金利解除後の金融政策について語っていた。来るべき政策変更に向け、日銀が様々な機会を利用してシグナルを送り、周到に地ならしを進めていたことがわかる。

通常の金融政策に戻ったこともあり、このような丁寧な地ならしは今後あまり期待できないとみた方がよい。2024年7月の展望レポートで予測した通り、数年にわたってインフレが2％近傍で推移するのであれば、段階的に金利を引き上げていく。これが植田総裁のメッセージだ。経済・物価情勢がオントラックであれば、いつでも利上げできるということだ。

なぜこのタイミングで利上げしたのか。7月の記者会見でこう問われた際、植田総裁は新年度入り後の指標がひととおり揃い、経済・物価の先行きが展望できるようになったことを理由のひとつに挙げた。数か月データが集まるのを待ち、そこから将来を予測して判断したという。経済・物価が想定通りのパスをたどるのであれば、今後も数か月に一度の頻度で金利を引き上げていく可能性がある。

実際の利上げのタイミングは、正副総裁を含む9人のボードメンバーたち、とりわけ植田総裁自身の心理によるところが大きい。ヒントがあるとすれば、日銀が物価上昇の持続性についてどれだけ確信を高めているか、展望レポートや植田総裁の発言から推測することだろう。

とりわけ重要なのが、賃金やサービス価格、消費に対する日銀の判断だ。賃上げの動きが広がり、コストに占める人件費の比率が高いサービス業で価格に転嫁する企業が増えれば、利上げの環境が整っていると日銀は判断するだろう。夏から秋にかけての賃金動向や、サービス業の価格改定が集中する10月の値上げ動向がポイントだ。

弱さがみられる消費がしっかり回復するかどうかもポイントだ。夏のボーナスが支給され、賃上げの恩恵について家計が実感し始める年後半の動向が重要だ。構造的な人手不足もあり、日銀は、賃上げの広がりについてすでに自信を深めているようだ。今後、サービス価格の上昇や消費の回復度合いについて植田総裁の発信が強気化すれば、再利上げが近いシグナルかもしれない。

消えるメタファーに要注意

これまで植田総裁は講演や会見で、物価上昇をもたらす要因について「第一の力」「第二の力」と分けて説明したことはすでに紹介したが、日銀が本格的な利上げサイクルに入った今、このメタファーは登場しなくなるだろう。コスト・プッシュ型の「第一の力」による物価上昇と、需要の増加や賃上げを伴う「第二の力」によるものとは混在し、区別して語る意味が小さくなったからだ。

このメタファーは、消費者物価の伸び率が見かけ上、物価目標である2％を超えていても、拙速に利上げしない理由を説明するために使われていた。足元の物価上昇は輸入コスト高騰の転嫁という一時的な要因（第一の力）によるもので、利上げするためにはより持続性をもたらす「第二の力」による物価上昇が出てこなければならない。早期利上げに踏み切らない理由について、日銀はこのように解説していた。

継続的な利上げを視野に入れた今、こうしたまどろこしい説明は不要だ。賃金が継続的に上がるようになれば消費者の財布のひもは緩み、企業はこれまでよりも簡単にコストの上昇を価格に転嫁できるようになる。この流れができてしまえば、「インフレ圧力が高まっているので利上げする」と説明すれば済む。講演を彩るメタファーだけでなく、消えていくメタファーにも政策上のヒントが隠されているのだ。

日銀は今後利上げしていく際、緩和的な金融環境を長期間続けることのコストを強調していくことになるだろう。「将来のリスクに備えて今利上げする」というロジックは、7月利上げの根拠にもなっている。これは0・5％まで金利を引き上げた当時の福井総裁のロジックとも似ている。植物の「芽」のメタファーに見られたように、植田総裁と福井総裁のレトリックには共通点が多い。意図的かどうかは不明だが、福井総裁の利上げのレトリックをなぞりつつ植田総裁の発言を読めば、今後の政策判断についてヒントが得られるかもしれない。

サプライズはあるか

2016年1月に日銀がマイナス金利を導入した際、直前まで黒田総裁がその可能性を否定していたため、大きなサプライズと受け止められた。日銀出身の経済学者である翁邦雄は著書『人の心に働きかける経済政策』において、マイナス金利導入のエピソードは、ショック療法により「日銀を畏怖させ、その意図に追随させようとした」黒田日銀の顕著な特徴であるとし、次のように述べている。

◆メインストリームの経済学では、サプライズは市場の乱高下という攪乱的な影響をもたらすに過ぎない、と戒める。独立性の高い中央銀行は、国民や市場に正確な情報をもとに説明を尽くし、金融政策の予見可能性を高めることで将来のインフレ予想などを安定的に変化させることが大切、というのが主要中央銀行やウッドフォードらメインストリームの経済学者の考え方である。

この指摘に照らせば、論理性を重んじる経済学者である植田総裁がサプライズ型のコミュニケーションを取る可能性は低いだろう。景気を冷やす方向に作用し、金融市場が神経質に反応しがちな利上げ局面ではなおさらだ。ただ、植田総裁の場合、丁寧な説明がかえって誤解を招き、市場の攪乱要因となってしまった過去がある。何が意図的な政策シグナルで、何が単なる言い換えなのか、すぐにはわからないことも多い。

では、政策のシグナルとノイズをどう見極めればいいだろうか。これまでの経験上言えることは、事前に内容を周到に準備できる講演での表現の変化は、重要な政策シグナルである可能性が高い。記者会見でも、冒頭で読み上げる政策についての考え方や、机上の書類を読み上げている場合は日銀の公式見解である場合が多く、表現の変化には政策的含意があるとみてよい。一方、国会答弁の質疑応答や、記者会見でのアドリブ発言でのニュアンスの変化は単なる言い換えの可能性もあり、注意が必要だ。

また、現体制のコミュニケーションを見ていると、植田総裁と内田副総裁の対外発信をセットで理解することが有効であるように感じる。植田総裁の発言が意図せざる反響を呼んだ場合、内田副総裁が講演やインタビューなどで軌道修正する、といった分担が生まれているように思えるからだ。

その典型例が2024年7月31日、日銀が短期金利を0・25％に引き上げた際に起きた。経済・物価が想定通り推移すれば、引き続き金利を引き上げていくとの植田総裁の記者会見での発言をきっかけに、日経平均株価は8月5日、史上最大の下げ幅を記録した。「植田ショック」とも呼ばれた市場の動揺を収束するため、8月7日に内田副総裁は講演で「金融資本市場が不安定な状況で、利上げをすることはありません」と発言、日経平均は急反発した。植田総裁と内田副総裁両者の発信を重ね合わせながら、日銀の意図を読み取ることが重要になってくるだろう。

やはり重要な「為替」

日銀が想定する利上げパスに大きく立ちはだかるのが金融市場動向、とりわけ為替だ。金融政策は直接為替レートをターゲットにしないというのが中央銀行の建て前だが、実際は違う。為替の動向にきわめて関心が高い日本の社会や政治の風潮もあり、円の動きは、これまで日銀の政策判断に大きな影響を及ぼしてきた。植田総裁の下でも、為替は日銀の重要な政策反応関数であり続けるだろう。

もちろん、日銀が「円安を止めるため」と公言して利上げすることはない。むしろ、円安抑止を目的に利上げしたと思われないよう、政策変更のタイミングやコミュニケーションに細心の注意を払うだろう。だが、円安がもたらす将来のインフレ圧力を未然に防ぐ、というロジックで金利を引き上げることはできる。２０２４年７月の利上げはこの説明のもと実施されたと言えなくもない。そしてそのヒントは、６月の金融政策決定会合における「主な意見」という資料の中にあった。

日銀は毎回の決定会合の６営業日後に、会合における各委員の経済・物価、金融政策についての主な意見を取りまとめて公表している。６月会合分を読むと、ある委員が「円安は物価見通しの上振れの可能性を高める要因」であるとし、そうした上振れリスクを勘案した場合、適切な政策金利の水準はこれまでより高いのではないか、との問題提起をしている。他にも物価の上振れリスクを指摘する意見が複数あり、円安を起点とした物価上昇リスクが、今後の利上げを正当化する理由になりうることが見て取れる。

むろん、円安の流れが逆転し、急速な円高が長期間進行すれば、早期利上げの可能性は後退する。日本の製造業は円安による収益上振れ期待から株価が押し上げられていたため、円高は株価に逆風だ。米利下げ観測が高まる中、日銀が利上げを継続する姿勢を示せば、日米金利差縮小の思惑から円買い・ドル売りの流れが続く可能性がある。円高・株安という逆風の中利上げを進めるのは政治的に難しくなるかもしれない。いずれにせよ、急激な為替変動は、経済理論に基づいたロジックや、日銀文学で固められたレトリックで利上げしていきたい日銀にとって、大きな攪乱要因だ。

第6章　マス・メディアの役割と取材現場からの提言

ナラティブは日銀だけでは決められない

今、市場の関心は「植田日銀がいつ、どこまで利上げするのか」にある。すでに植田総裁はいくつものヒントを出している。賃上げが広がり、財だけでなくサービスの価格も幅広く上昇することで、持続的に2％の物価目標が達成される可能性が高まっていくことが利上げの条件だ。この条件の達成はすでに視野に入ったとみなし、日銀は2024年7月に利上げした。金融市場の混乱が続いたり、アメリカ経済がリセッション入りしてしまえば予定は狂うが、今後も数年にわたって段階的に金利を引き上げていきたいというのが日銀の本音だろう。

日銀はマイナス金利解除以降、追加利上げのシグナルを幾度も出し続けたが、金融市場、とりわけ海外投資家にうまく伝わっていたとは言い難い。「これだけ物価が上がっているのに、なぜ日銀は利上げに慎重なのか」。筆者が彼らによく聞かれた質問だ。日銀は決して利上げを躊躇していたわけではないだろうが、曖昧模糊とした日銀文学にあふれた植田総裁のレトリックは、海外投資家には「利上げに慎重だから曖昧なのだ」と受け止められていた節がある。利上げは非常にゆっくりと進み、低金利はかなり長い間続くので、安心して円を売り続けられる。植田総裁の低いモダリティはこのような思惑を生み、急速な円安を惹起《じやつき》した可能性がある。

では、近い将来の利上げについてもっとはっきり発信すればよいのかというと、そう単純でもない。

事前のシグナルがうまく伝わらないまま7月に金利を引き上げ、将来さらに利上げを進めることを鮮明にした結果、今度は急速な円高と株価の暴落を招いてしまった。円安の修正が起きたことは望ましかったのかもしれないが、薬が効きすぎてしまったようだ。

物価高の影響もあって消費は伸び悩んでいる。堅調だったアメリカ経済も高金利の影響もあり、さすがに減速のリスクがでてきた。頼みの海外経済が失速すれば、日本経済はあっという間に牽引役を失い、利上げどころではなくなってしまうだろう。そうなると、苦労して市場に織り込ませようとした将来の利上げパスは、修正を迫られる。継続的な利上げによって長期金利が上昇すれば、大量の国債発行で賄われている日本の財政を圧迫する。これは政府にとっても都合が悪い。複雑な経済・金融情勢や政治の事情に振り回され、植田日銀のレトリックはますますわかりづらいものになっていく恐れがある。

そもそもナラティブは日銀の都合だけで決められるものではなく、様々な外部要因に左右される。そうした中、国内外に向け、説得力のあるナラティブを発信するにはどうすればよいのだろうか。この点を考察するうえで、日銀のナラティブに影響を与え、ときに翻弄する「政治シンボル」の存在について紹介したい。

政治シンボルとしての「デフレ」

ここでいう政治シンボルとは、世の中の雰囲気をうまくキャッチしているがために報道等を通じて拡散していき、選挙の結果や政策決定にも影響を及ぼすような言葉を指す。人々の感情と強く結びついた政治シンボルは、集団の中に共通の認識を生み、社会の集合的記憶になっていく。

時代を席捲《せっけん》するパワーをもった政治シンボルに、小泉純一郎元首相が用いた「抵抗勢力」がある。2005年、郵政民営化の是非を問うて衆議院を解散した際、郵政民営化などの構造改革に反対する自民党内の議員を「抵抗勢力」と呼んで糾弾した。古くからのやり方に固執する「敵」との対立軸を作ることで自らを改革の旗手として描き、郵政民営化への支持を呼びかけたのだ。そのわかりやすさにマス・メディアは飛びつき、小泉は選挙で圧勝した。

総裁講演における「デフレ」という言葉の登場回数

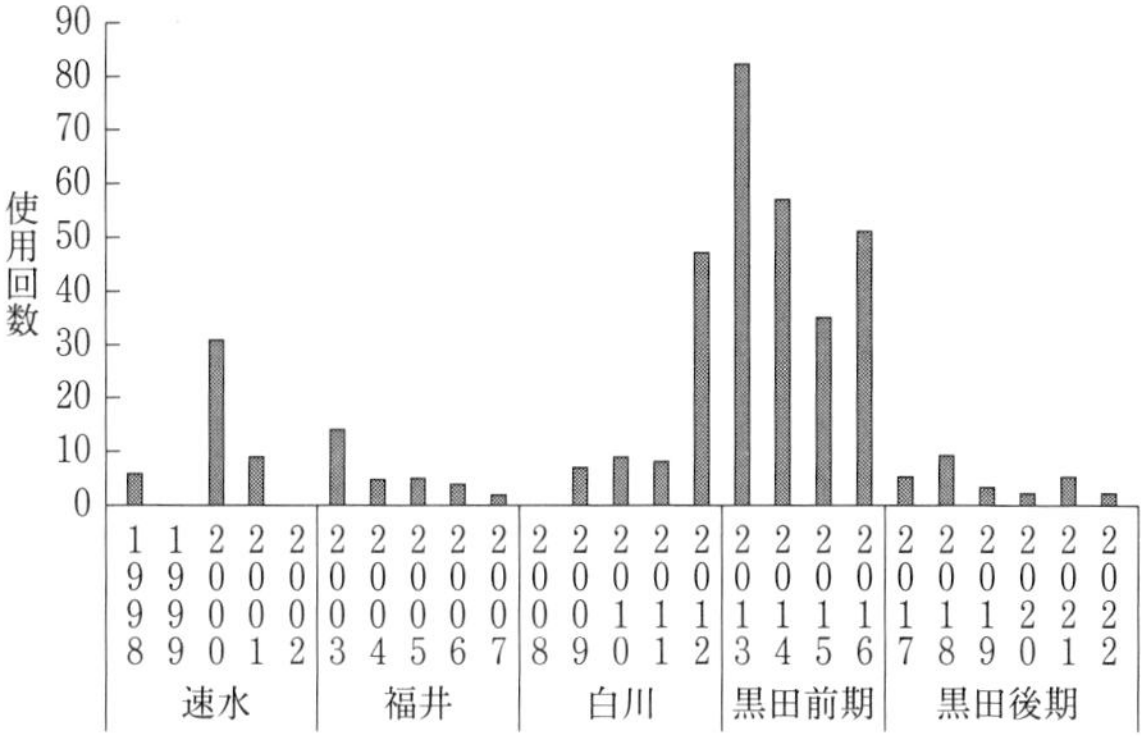

黒田総裁の異次元緩和も、アベノミクスという、より大きなナラティブの一部を構成していた。そして、アベノミクスに欠かせない政治シンボルのひとつが「デフレ」だった。そもそも「デフレ」は、物価が下落する「デフレーション」という経済用語の略だが、バブル崩壊後の景気低迷が長引き、経済がうまくいかない原因の総称として用いられるようになった。人々の不満をすくい取る形で拡散したこの政治シンボルは、日本において特異な意味をもつようになり、「デフレ脱却」を至上命令とし、日銀に大胆な金融緩和を要求する政治的風潮を生みだしていったのだ。

　では、政治シンボルとしての「デフレ」は、日銀のコミュニケーションにどのような影響を及ぼしたのだろうか。歴代総裁の講演に「デフレ」という言葉がどれだけ登場したか、回数を数え上げてみた。その結果を示したのが、前ページのグラフだ。

講演での使用回数が急増するのは、白川総裁任期終盤の2012年だ。安倍晋三元首相が「デフレ脱却」を掲げて総選挙で圧勝し、民主党から政権を奪還した年でもある。アベノミクスによって打倒すべき対象として「デフレ」が脚光を浴び、より大胆な金融緩和を求める声に対し、日銀も防戦せざるを得なくなったのだ。

白川総裁は著書『中央銀行――セントラルバンカーの経験した39年』において、いったん世の中に、あるナラティブが広まってしまうと、それに反する政策を実行することが難しくなると回顧している。「デフレこそ諸悪の根源で、それを放置した日銀に責任がある」というナラティブは、当時の人々の不満や不安をすくい取り、力を得ていった。

一方、「デフレ」という政治シンボルを最大限活用したのが黒田総裁だ。デフレ脱却のために「できることは何でもやる」と宣言する黒田総裁の言葉が影響力をもったのは、「デフレ」という政治シンボルが人々の心に刺さり、強い反応を呼び起こしたからだろう。政治シンボルが、日銀の政策決定に大きな影響を与えた象徴的な例といえる。

だが、経済が回復し、人々がその恩恵を実感するようになると、「デフレ」の政治シンボルとしての力は衰えていった。2％の物価目標は未達だったが、製造業を苦しめた円高も反転し、経済は安定状態に入った。構造的な人手不足もあって失業率は低下し、デフレの苦しみや日銀の金融政策に対する政治の関心も薄らいでいったのだ。安倍政権が重視する政策の焦点も移っていく中、黒田総裁が講演でデフレに言及する回数は減っていった。

やっかいなシンボル「円安」

2023年4月の就任以来、植田日銀を苦しめてきた最もやっかいな政治シンボルは「円安」だろう。コロナ・パンデミックによる供給制約やロシアによるウクライナ侵攻で資源価格が高騰すると、世界中でインフレが高進し、欧米の中央銀行は2022年以降、急ピッチで金利を引き上げていった。日銀はその間低金利を維持したため、今度は急速に円安が進んだのだ。

円安は海外で稼ぐ輸出企業の収益を押し上げるため、経済全体でみればマイナス面ばかりではないが、政治的には「家計や中小企業を痛めつけるもの」というわかりやすい「悪のシンボル」になってしまった。かつては円高を止めるよう、金融緩和圧力をかけられていた日銀だが、今度は低金利を維持することにより円安を加速させていると批判されるようになったのだ。

2022年9月、「当面、金利を引き上げることはない」という黒田総裁の記者会見での発言をきっかけに円安に弾みがつくと、政府は24年ぶりの円買い介入を実施した。その後も円安は続き、2024年3月に日銀がマイナス金利を解除しても流れは止まらない。当面金融緩和を維持するとした植田総裁の発言が、むしろ円安を加速させることとなった。早期利上げに否定的と捉えられた4月の記者会見での発言で円安がさらに進み、政府が再度円買い介入を実施したのは、前章で見た通りだ。

拙速な利上げで景気を冷やすことを懸念し、慎重に事を進めたい日銀の思いが、円安の進行を止めたい政府の意向に反する形で市場を動かしてしまった。この矛盾に対し、日銀は説得力のあるナラティブを形成することができず、終始マス・メディアの作った「国民を苦しめる円安を放置する日銀」というナラティブに振り回された感がある。

マス・メディアが果たす役割

このような政治シンボルが生み出され、拡散されていく過程において、マス・メディアが果たす役割は大きい。「円安」という政治シンボルでいえば、「日銀が利上げさえすれば国民を苦しめる円安は止まり、暮らしは楽になる」というナラティブがある。一見もっともらしいが、利上げは住宅ローン金利の上昇を招き、家計の負担を増やすという、当たり前の事実は隠されている。マス・メディアはわかりやすい政治シンボルに飛びつき、物事を多面的に見ることをときに妨げてしまう。

だからこそ、マス・メディアが日銀のメッセージをどう伝えるかが重要となる。日銀が金融市場や社会にメッセージを発信する際、その仲介役を果たすのが新聞社やテレビ局、通信社だ。複雑な金融政策の仕組みや、その有効性についてわかりやすく国民に伝えてくれるマス・メディアは、日銀にとって頼りになる存在だ。だが、いつも思い通りに報道してもらえるわけではない。思いがけないところに焦点が当たり、伝えたいメッセージがかき消されてしまったり、政治家やマス・メディアによって形成された、より強力なナラティブに日銀自身が引きずられてしまうこともある。

マス・メディアの存在は、日銀のレトリックを考えるうえでどう位置付けるべきだろうか。この疑問に答えるには、マス・メディアがどのように日銀のメッセージを受け取り、ニュースに加工しているのかを見ることが有益だ。ここからは、通信社の記者として日銀を取材している筆者の体験を紹介しつつ、考察したい。

媒体によって異なる視点

一口にマス・メディアと言っても、媒体の種類によってニュースの取り上げ方や視点は異なる。テレビ局や一般紙は、住宅ローン金利への影響等、人々の生活にどう関係するかを重点的に報道することが多い。一方、日本経済新聞（日経）のような経済専門紙や、金融・経済情報に強みをもつ時事通信社や米トムソン・ロイター、米ブルームバーグ・ニュースといった通信社は、金融市場に影響を及ぼし得るニュースについて詳細に報道する。日銀幹部の講演だけでなく、金融政策決定会合の議事要旨や日銀のスタッフが作成する論文まで幅広く扱い、専門的な内容も多い。

日銀もこうした媒体の特性を踏まえ、総裁のインタビューをセットしている。政策についてのシグナルを金融市場に伝えたい際は、日経のような経済専門媒体を対象に実施する。先述した、円安やデフレといった政治シンボルについて、日銀の主張をより広く国民に伝えたいときには、一般紙やテレビ局を選ぶ傾向がある。海外投資家に日銀の政策について認知させたい場合は、英経済紙フィナンシャル・タイムズを選ぶことが多い。

ちなみに、一般紙の記者は通常、数年おきのローテーションで担当が替わる場合が多いが、通信社や外資系メディアには、筆者のように十何年も同じ分野を担当する記者が少なからず存在する。初めて会ったころは入社数年目の若手だった日銀のスタッフがみるみる偉くなり、気が付くと課長や局長になっていたりする。秘書付きの立派な個室で応対してくれるそうした幹部と会うにつけ、自分の歳を痛感する。

情報は切り取られる

記者としてニュースを追っていると、膨大な量の情報が集まる。だが、そのうち記事にするのはごく一部だ。長編企画ともなると、大量の素材の中から厳選した情報をもとに記事の骨格を作り、足りない部分を補強するためまた取材する。日々この繰り返しだ。

そのようにエッセンスを凝縮した記事でも、多くの場合、見出ししか読まれない。冒頭の数パラグラフを読んでもらえれば御の字だ。ソーシャル・メディアの普及でこの傾向は一層加速している。つまり最初のインパクトが大切なのだ。情報を圧縮していく過程で、複雑で難解な日銀文学はどんどん簡潔な文章に加工されていく。

情報を絞り込む作業の究極系が速報だ。通信社が提供する短文型ニュースで、重要な情報を一文に収まるように切り取り、金融のプロが見つめる情報端末に次々と配信していく。

総裁の講演であれば、金融政策に関わる部分を中心に、1回あたり10本から15本程度の速報が流れる。投資家はこの速報を見ながら株や為替、債券市場で取引する。

配信後、瞬時に相場を動かすこともある速報は「ヘッドラインリスク」と呼ばれ、日銀だけでなく海外の中央銀行でも警戒されている。通信社の情報の切り取り方次第では、幹部の発言が実態以上に強いメッセージとして伝わったり、誤解が生じてしまう恐れがあるからだ。

たとえば、総裁が「Aという見方がある」と語ったのち、対照的な意見も紹介するために「一方、Bという見解もある」と述べたとしよう。通信社の記者はまずAの発言を速報する。その後、Bの見解も速報するが、そのころにはAについての速報がすでに市場を動かしてしまっている場合がある。AとB、両方について1本の速報にまとめられれば良いのだが、分量が多いと字数制限を超えてしまう。また、両方の発言を聞き終わるまで待たねばならず、競合他社の速報より数秒遅れてしまうかもしれない。こうした事情もあり、記者は聞いたまま次々と速報を打っていくしかない。

機械も記事を読んでいる

このように、丁寧に作り込まれた総裁の講演もマス・メディアによって一部のみを切り取られ、圧縮されて伝えられるのだ。どの部分に焦点を当て、どう解釈するかは記者の裁量だ。しかも、筆者のような通信社の記者は常に時間に追われている。速報を出し終えたら、数パラグラフの一報を配信し、その後は少しずつ内容を加えながら、幾度も記事を差し替えていく。数週間かけて執筆する長編記事でもない限り、短時間で見出しやアングルを決めなければならない。近年は新聞社も重要なニュースは短文の速報を打つようになり、現場の記者たちは皆慌ただしく作業している。

また、最近はアルゴリズムを使った自動取引が広がり、通信社の速報や記事の見出しをもとにコンピュータが自動的に金融取引を実行し、相場を動かすようになっている。「日銀」「利上げ」といったキーワードが入っていれば自動的に円を買う、といった処理がなされる。ニュースは人間だけでなく、機械も読んでいるということだ。機械は人間のように裁量を働かせることはないため、日銀文学の微妙なニュアンスは捨象される。時代が変われば、ニュースの伝え方も変わっていく。それに応じ、中央銀行の広報戦略もモデル・チェンジしていく必要があるのだろう。

「行間を読む」記者たち

金融政策は内容が技術的でやや難解なため、担当記者は日銀文学の行間を読み、全体像や前後の文脈から「要は何が言いたいのか」を判断する作業が多い。普段の取材はその読み筋を誤らないようにするためのものでもある。

記者クラブ加盟社の記者であれば、電話で面会を申し込むと日銀の幹部に取材することができる。すべてオフレコだが、次回の金融政策決定会合で議論されるテーマや、そのポイントについて考え方を聞くことができる。ただ、懇談というグループインタビュー形式の場合、事情は複雑だ。単刀直入に質問して核心を突く回答を得ると、その情報はその場にいるライバル社の記者たちも共有してしまう。スクープを狙う記者たちにとっては、同業他社に知られない形で個別に情報を得る方がよい。このため記者同士が牽制し合い、質問があまり出ない不思議な懇談も、ときには発生する。

当局者だけでなく、民間のエコノミストや識者に取材をし、第三者的視点を提供してもらうことも大切だ。日銀は頻繁にブリーフィングや取材機会を提供し、自らのロジックを丁寧に解説してくれる。ありがたい反面、気が付かないうちに日銀のナラティブに染まってしまう恐れがある。

日銀ナラティブに盲点はないか、経済の実態と乖離した楽観的な見通しになっていないか、専門家の反論も取り入れて記事のバランスを取る。記事に使用するコメントをもらったり、金融政策の先行きについて独自の予想を示してもらうこともある。こうした有識者がもたらす視点が、報道のアングルを左右することも少なくない。

几帳面な日銀、自由な財務省

マーケットに影響を与える金融政策に関わっていることもあり、日銀の情報管理は徹底している。幹部との面談には必ず秘書やスタッフが同席し、機微に触れる内容がリークされないか、発言内容をチェックしている。事前にアポイントを取れば多くの幹部に面談できる一方、アポなしの突撃取材は原則ご法度だ。取材でのやりとりの多くは禅問答のようで、オフレコ取材でも総じてモダリティは低い。

一方、財務省は予算や法案の折衝で政治家と接することが多いためか、比較的率直に話をしてくれる幹部が多い印象だ。今は変わったかもしれないが、以前担当していたころは、課長クラスであれば、アポなしで部屋に立ち寄って話ができた。半面、日銀ほど頻繁に面会の時間がもらえないこともあり、省内の廊下や部屋の前で待ち伏せ取材するケースが多い。

特に通貨政策を担う財務官は、その発言のひとつひとつが市場を動かすため、ぶら下がり取材が常態化している。為替介入の警戒感が高まっているときは、各社から総勢十数名の記者が終日、財務官室の前で待ち伏せする。トイレにいくときさえ記者に囲まれ、財務官も大変だ。財務官が市場にメッセージを発したい場合、部屋の前で即席のぶら下がり会見が数分開かれる。よくテレビで放映される財務官の発言風景は財務官室の前か、省内のエレベーターホールの場合が多い。

このような即席のぶら下がり会見は日銀ではほぼ皆無だ。また、日銀では会見ごとに記者向けの「お願い」ルールが延々と読み上げられるが、財務省ではあまりなく、ごくあっさりしている。できるだけリスクを避け、何事も周到にお膳だてしたがる日銀に比べると、財務省はやや自由な印象だ。

同質性の強い日本メディア

日本の金融政策は、世界の中で特異な位置にいる。2022年以降、多くの先進国で利上げが進む中においても日銀は大規模緩和を維持し、世界的な利上げ局面が終息しつつある2024年になって、ようやくマイナス金利を解除した。それでも金利は依然ゼロ％近傍で、巨大なバランスシートを縮小するプロセスも他中銀より大幅に遅れている。この特殊性ゆえ、日銀の動向は世界中の投資家に注目されている。そして日銀が何を考え、どう金融政策を運営するかを海外に伝えるのが、日本で活動する外国メディア、通称「外プレ」（外国プレス）だ。

筆者は、時事通信社を経て米ダウ・ジョーンズ経済通信やロイターといった外国通信社の記者として、20年以上日本の金融政策を海外向けに英語で報道してきた。こうした特殊な立場ゆえ、日本のメディアとはやや異なる視点で、日銀の金融政策や日本経済の変遷を見てきたといえる。ここからは、日英の言語の違いから生じるコミュニケーションの難しさや、海外との比較でみた日銀取材の特徴を、英文記者としての体験を踏まえながら紹介したい。

海外の中央銀行についての報道も概観する立場からみると、日本は金融政策についての報道はかなり多い印象だ。一般紙も含め多くのメディアが、毎回の金融政策決定会合について観測報道を出すというのは他国ではあまり見られない現象だ。

各媒体の報道内容や扱うテーマが似通っているのも特徴だ。たとえば、ひとたび円安が

「悪」とみなされると、多くの社が一斉にその論調に流れ、逆の視点からの報道はあまりなされない。こうした同質性は、政治シンボルの拡散を加速させたり、世論を一方向に大きく傾きやすいものにしているように感じる。「デフレ」という政治シンボルが日銀バッシングに使われた経緯も、その一例かもしれない。

ちなみに、海外メディアの記者であっても、記者クラブに所属していれば、国内メディアの記者と同様の取材機会が与えられる。取材の方法も国内メディアの記者とあまり変わらないが、日本のメディアほど記事の内容に同質性はなく、夜討ち朝駆けといった慣行もあまりない。

一方、外プレは海外読者向けに書いているため、日本経済や政策の背景説明にかなりの字数を割く必要がある。その分、肝心のニュースを伝える部分が減ってしまい、内容が浅くなってしまうこともある。必死に取材し、思い入れの強い記事ほど長文になってしまい、デスクに容赦なくカットされてしまうことも度々だ。

曖昧な日本語、直接的な英語

英語で日銀について記事を書く際、最も苦労するのは、言語の特性の差によるニュアンンスの違いだ。そもそも、難解な日銀文学を平易な日本語にするのも容易ではないが、海外読者に英語で伝えるのはさらに難しい。しかも、日本語はモダリティが非常に発達した言語といわれ、相手に敬意を表したり、発言をソフトにするためにあえて低いモダリティや曖昧な表現を多用する傾向がある。このため、ストレートな表現が好まれる英語の記事にする際、困難に直面する。

たとえば、総裁の講演でよく登場する「○○する方針だ」「○○と思われる」といった表現を英語にする際、consider や likely to といった翻訳を当てるが、より直接的な表現に変えるよう、海外のデスクから注文がつくことが多い。特に見出しはわかりやすさ重視で高いモダリティが求められるため、発言のトーンに忠実でありたい筆者と、よりダイレクトな表現に変えたがるデスクとの間で見解の相違が発生する。高いモダリティを多用した黒田総裁の場合、こうした葛藤は少なかったが、英語の記事は総じて日本語のものよりやや断定的で、強いトーンになることが多い。

ちなみに、日本のメディアではよく「○○の方向で調整していることがわかった」といった記事がみられるが、これも典型的な英語にしづらい日本語表現だ。「調整」が具体的に何を指すのかわからないし、「○○の方向」と聞くと、そうならない可能性もあるのかと不安になる。記事の内容に強い自信がなく、ヘッジしておきたい記者が使う表現だが、英語の記事では成立しない。

主語がない

日本語の文章は主語を明確にしない受動態が多いのも、英語にする際、苦労する点だ。英文記事の場合、行為や発言の主体（誰の行為、発言なのか）を明らかにすることが求められる。たとえば、「デフレ脱却には、金融緩和だけでなく構造改革を進めることが求められる」という発言の場合、構造改革を担うべき主体は政府であることが暗示されてはいるものの、明示されてはいない。英語の記事では、自らの判断で「政府」と書き足すしかない。

以下は最近の講演における植田総裁の発言だ。今後の金融政策運営について方向性を示す重要なガイダンスだが、主語が一度も登場しない不思議な文章だ。

◆先行き、見通しに沿って基調的な物価上昇率が高まっていけば、「物価安定の目標」実現の観点から適切となる金融緩和の程度も変化しますので、緩和度合いを調整していくことになると考えられます。また、経済・物価見通しやそれを巡るリスクが変化すれば、当然、金利を動かす理由となります。（2024年5月8日、読売国際経済懇話会）

ちなみに日銀が公表している英語翻訳では、多くの箇所で「日銀」を示すthe Bankが主語として書き加えられている。英語の記事でも、日銀を主語とした能動態に書き換える場合がほとんどだ。

日銀は優秀な翻訳チームを擁しており、総裁の講演ともなると、リアルタイムで日英版を同時に公表する。原文に忠実に報道したいため、筆者は原則英語翻訳ではなく日本語を参照して記事にするが、速報する際、ぴったり当てはまる英語の表現がとっさに浮かばないときには参考にでき、助かっている。

「どんどん」と言われても

日本語特有のことわざや言い回しの扱いもやっかいだ。その例に、内田副総裁や植田総裁が立て続けに使った「どんどん」という表現がある。内田副総裁は2024年2月8日、奈良県金融経済懇談会での講演で、「仮にマイナス金利を解除しても、その後にどんどん利上げをしていくようなパスは考えにくく、緩和的な金融環境を維持していくことになると思います」と発言した。

日銀の英語翻訳では「どんどん」は rapidly と訳されている。だが rapidly は「急速な」というスピードを表す表現であり、「どんどん」という言葉がもつ、意識の強さや勢いといったニュアンスとはやや異なる。筆者が最初に講演を日本語で読んだ際、「どんどん」は「積極的に」という意味をもつ aggressively に近いという印象を受けた。さまざまな意味をもつ「どんどん」ではなく、ストレートに「急速な利上げ」と言えなかったのだろうか。

一方、「どんどん」は、2024年4月5日に配信された朝日新聞の植田総裁インタビューでも登場した。

◆春闘の結果が夏にかけて賃金に反映されていき、夏から秋にかけて物価にも反映され、その力が少しずつインフレ率を押し上げていきます。物価上昇率2％目標の持続的・安定的な達成が見通せており、その可能性がどんどん高まるとみています。

講演や記者会見ではないため、日銀の公式な翻訳はないが、この場合の「どんどん」はrapidly ではなく、より蓋然性が高まっていくという意味で increasingly といったところか。このように、同じ「どんどん」という日本語でも前後の文脈で意味は異なり、どのような英語を当てるかによって読み手が受ける印象も変わってしまう。

アルファベット・スープ

金利がゼロ％まで下がり、次々と複雑な非伝統的金融政策が導入された際、金融政策の呼称が長くなっていくことも悩みの種だった。「量的・質的金融緩和」は英語で quantitative and qualitative easing（ＱＱＥ）だが、名称を紹介するだけでかなりの文字数を使ってしまう。２０１６年にマイナス金利を導入した際は、ＱＱＥにマイナス金利が加わったので、正式名称は「マイナス金利付き量的・質的金融緩和」とさらに長くなった。同年9月にイールドカーブ・コントロール（ＹＣＣ）を導入すると、「長短金利操作付き量的・質的金融緩和」となり、英文名称は丸々一行を使い切る長さだ。

速報や見出しは字数制限が厳しく、正式名称のまま記述するとそれだけで字数オーバーになってしまう。かといって、見出しにＱＱＥやＹＣＣといった略称のみを書くと、日銀の政策に精通していない海外の読者には意味不明だ。仕方なく、政策の特徴を最も的確に表す表現に言い換えていた。マイナス金利を導入したのちは、ＱＱＥの役割は形骸化したとみなし、記事では「マイナス金利」としか紹介しない。ＹＣＣについても、イールドカーブ・コントロールと英語名称を紹介したのち、どのような政策なのかを簡単に説明した。

長い名称は日銀だけの問題ではない。他中銀でも非伝統的金融政策を導入する中で、政策の名称は長くなっていき、様々なアルファベットの略称が生まれた。おなじみのものではゼロ金利政策がＺＩＲＰ、量的緩和はＱＥだが、欧州ではＬＴＲＯ（長期資金供給オペレーション）、アメリカではＴＡＬＦ（ターム物資産担保証券貸出制度）といったものも登場した。こうした略称があふれるさまを、アメリカでは中央銀行の「アルファベット・スープ」と呼ぶジョークも生まれた（アメリカにはアルファベットの文字をかたどったマカロニが入った子供用のスープがあり、昔から親しまれている）。

今や日銀を含む多くの中央銀行が、短期金利操作のみのシンプルな政策に移行し、この悩みからは解放された。

取材現場からの提言

金融政策は専門的で、一般の人にはなじみの薄い分野だ。アメリカの著名な経済学者アラン・ブラインダーは、かつて、金融政策について広く一般の人々に理解してもらおうとする中央銀行の試みは、「大部分は失敗するだろう」と警告したほどだ。日々の生活に忙しい人々が、中央銀行のコミュニケーションを直接つぶさに追うことは難しい。自《おの》ずとマス・メディアの報道を通じて、日銀の政策について知ることになる。プロの投資家であっても、効率よく日銀のメッセージを消化するため、通信社等の報道に頼る場面が多いだろう。

だが、ニュースとして報道される映像や記事は、実態のごく一部分を伝えているに過ぎない。短時間で効率よく情報を得たい読者のニーズを踏まえ、マス・メディアはわかりやすさ重視となり、ニュースの分量もどんどん短くなっていく。伝えたい多くのことは記事に入りきらず、切り取られてしまうのが現実だ。

日銀の政策決定を追っていれば、経済や物価の先行きについて様々なシナリオやリスクを勘案し、ボードメンバーたちの意見調整も経て、あの複雑なレトリックに至っていることがわかる。実務を担っているスタッフや幹部たちと話していると、その苦労が伝わるだけに、「こんなに単純化して伝えてしまってよいのだろうか」と葛藤することも多い。マス・メディアが求めるわかりやすさと、金融政策の複雑な実情が折り合わないのだ。海外向けの報道はなおさらそのギャップが大きい。

だからこそ、日銀がメッセージを効果的に世の中に広めるためには、レトリック・ツールをうまく活用し、伝え方を工夫することが一層重要になっていくだろう。長年日銀の取材に携わり、その政策について海外に伝え続けた体験を踏まえ、いくばくかの提言で本書を締めくくりたい。

「共感」を得る工夫

日銀はナラティブ作りの達人だが、その伝え方となるとどこかぎこちなく、見ていて歯がゆさを感じることがある。経済理論上は完璧な内容でも、世間の感覚とあまりにも乖離していると、コミュニケーションはうまくいかない。「エリートばかりの日銀には人々の生活の苦しみは理解できない」と反発を受けてしまうのは得策でない。ときには前例を捨て、マス・メディアを巻き込みつつ、人々の共感をより得るためのコミュニケーション上の工夫ができないだろうか。この思いを一番強くしたのは、日銀が2016年にマイナス金利を導入したときだ。

この政策は、金融機関が日銀に預けている当座預金のごく一部にマイナス金利を課すものだ。理屈上は、市場金利を下げることにより、企業や家計の借り入れコストを削減し、景気を刺激することができる政策だ。だが「マイナス」という語感の悪さもあり、世間では不評だった。家計の銀行口座にマイナス金利が課されるのではないか、との誤解も生まれ、テレビのワイドショーでは連日特集が組まれた。テレビ局からの問い合わせが殺到し、広報が急遽《きゅうきょ》セットした説明会には、普段日銀を訪れることがないアナウンサーや人気司会者たちも顔を出し、いつもとは違う雰囲気が漂っていた。

筆者も仕事の合間、記者クラブでワイドショーを見ていたが、日銀に批判的なゲストがほとんどで、やや一方的にマイナス金利を非難していた印象だ。日銀を擁護するわけではないが、一人でも日銀の見解を代弁する識者が含まれていれば、議論はよりバランスが取れたものになっていただろう。日銀を退職した後、エコノミストとして活躍するOBも多い。そうした人脈を活用したり、訴求力のある評論家を味方につけて、日銀の主張をより広い層に伝える工夫があってもよいのではないだろうか。

負けるな！にちぎん

一般の国民に寄り添う姿勢にもぎこちなさを感じる。日銀のホームページには、「教えて！にちぎん」という日銀の業務や組織を紹介するコーナーがある。以前はゆるキャラも登場し、クイズに全問正解すると、スクリーンセイバーが無料でダウンロードできた（筆者は当然入手し、いまだに私用パソコンで使っている）。今は無味乾燥な説明が淡々と記載されているだけで、気楽に読める仕立てにはなっていない。

一方、財務省のホームページにいくと、業務を紹介するアニメ仕立てのパンフレットや、納税の大切さについて説明する「財務省主税局×うんこドリル　税金」なる冊子がダウンロードできるようになっている。ゲームもある。外部サイトへのリンクが張られ、アクセスすると、うんこ先生が「よし、家に帰っておもちゃで遊ぶ前に、税金についてクイズで学ぶのじゃ！」と子供に語りかけ、税金を徴収する財務省の執念を感じさせる。財務省と比較してばかりで申し訳ないが、「負けるな！にちぎん」と激励したくなる。

ソーシャル・メディアといった新しいコミュニケーション・ツールを使った取り組みも重要だ。たとえば、欧州中央銀行（ＥＣＢ）は比較的ソーシャル・メディアの利用に積極的で、クリスティーヌ・ラガルド総裁は金融政策のみならず、国際会議で訪れた国の紹介や会議のテーマについて直接発信し、人々に親しみをもってもらおうと努力している。日銀も少しずつソーシャル・メディアを使った発信を始めているが、本格運用はこれからといったところだろうか。

パンチがほしい

日銀のコミュニケーションの対象は主に国内で、海外は副次的な存在だ。中央銀行は自国の経済・物価の安定を図り、その説明責任も自国民に対して発生するのだから、当然といえば当然だろう。だが、コミュニケーションの観点からは、近年日本の金融市場でプレゼンスを高める海外投資家の存在は無視できないだろう。

彼らは日本の株式市場で大きなプレゼンスを持ち、為替市場でも円を動かす中心的な存在だ。アベノミクス導入前後の株高・円安は、大規模緩和に対する海外投資家の期待がもたらした面が強い。海外投資家が日銀の金融政策についてどう見ているかは、市場に大きな影響を及ぼす。そして海外メディアの報道は、彼らの重要な情報源のひとつだ。

海外向けに報道する立場で感じるのは、日本の当局者は総じてモダリティが低く、発信力が弱い点だ。気の利いたコメントも少ない。欧米ジャーナリズムの世界では、軽妙なジヨークや、パンチの利いた発言があるだけで大きく取り上げられ、記事にも使われやすい。きらっと光る何かがないと、情報の洪水の中で埋没してしまうのだ。

たとえば20か国・地域（G20）財務相・中銀総裁会議といった国際会議の場合、海外メディアは当日の主要テーマについて1本の記事にまとめることが多い。ロイターの場合、各国の大臣に同行取材する記者は、会見での発言を速報した後、使えそうなコメントをまとめ記事の書き手に提供する。筆者は日本の会見を担当するが、エッジの利いた欧米当局者たちの発言に比べ、日本からの発信は総じて控えめで、なかなかまとめ記事に使ってもらえない。国際舞台での日本のプレゼンスを考えると、残念なことだ。

目立てばいいというわけではないが、市場に足跡（フットプリント）を残し、経済外交の場で日本の存在感を示すには、マス・メディアの注目を集め、報道してもらうことが重要だ。コミュニケーションが政策の主要なツールと言われて久しい今日、日本の当局者も目立つ発言をし、存在感を示すことが必要ではないだろうか。

毛色が違う海外講演

国外への訴求力を意識してか、海外の聴衆や読者に向けられた日銀総裁の英文講演は、国内向けのものとは多少毛色が異なるものがあって面白い。日銀内で英語が得意な職員を中心に原案を作成し、構成やレトリックも多少海外向けの味付けになっている。

モダリティの違いはあまりないが、メタファーには印象深いものが多い。第4章で紹介した黒田講演のピーターパンのメタファーはその一例だ。もうひとつ特徴的な例を挙げれば、黒田総裁が2016年のカナダ銀行との共催ワークショップで用いた下記のメタファーがある。カナダの作家モンゴメリの『赤毛のアン』から主人公アンの発言を引いている。

◆物語の中で、アンは育ての父親である年老いたマシューに対して、「これから発見することがたくさんあるって、すてきだと思わない？（中略）もし何もかも知っていることばかりだったら、半分もおもしろくないわ」と言います。アンの言葉は、日々、新しい知恵や解決策、政策ツールを見つけ出そうと多大な努力を続けている全ての中央銀行職員とエコノミストにとって大きな励ましとして心に響くものです。

非伝統的金融政策の力を信じる黒田総裁の強い思いがにじんでいる。総裁の国内向け講演でもメタファーはたびたび登場するが、有名な小説から引くものはあまりみられない。

気の利いた一言で締めるという欧米のスピーチの特徴を取り入れたものと思われる。このような工夫を国内の講演でも増やすと、報道される機会も増えるかもしれない。

広報のプロはいるか?

聴衆の受けを狙わず、防戦に徹した方がいい場面もある。なにごとも直截《ちょくせつ》に発信すればいいというわけではなく、あえて低いモダリティで曖昧な物言いにしておくことが、コミュニケーション上有益な場面もある。「建設的曖昧さ」といわれるものだ。

その一例が、為替相場をめぐる発言だ。通貨政策を担う財務大臣や財務官が投機筋を牽制するために行う口先介入は、高いモダリティで明快な発信をする必要がある。だが直接為替を所管しない日銀の場合、円相場の動向について問われた際、曖昧な表現でぼやかしたり、ノーコメントで済ませた方が無難だ。

とはいえ、虚を突かれて失言をしてしまうことはある。その際のダメージ・コントロールや、失言を防ぐための手立てを講じるのは広報の仕事だ。欧米と日本の中央銀行で異なると感じるのは、組織における広報の位置づけだ。欧米中銀では民間企業や国際機関の広報経験者やジャーナリストを採用し、どのような発言をするとどう切り取られるか、自らの発したいメッセージを有効に伝えるにはどうしたらよいか、組織内で徹底的に議論する。

ローテーションで数年おきに広報担当が替わる日銀とは異なり、欧米中銀では広報官は専門職として長年職務に専念し、他部署への異動はきわめて稀だ。場合によっては、広報官が政策決定の過程にかなり深く関わり、様々な場面でのコミュニケーションについて直接総裁に助言するという。長い慣行であるローテーション型の人事制度を変えるのは難しいかもしれないが、日銀もこのような制度を取り入れるのはどうだろうか。

定型レトリックの殻を破れ

日銀（Bank of Japan）の英語略称はＢＯＪだが、世界にはもうひとつＢＯＪがある。緑豊かな自然を誇るカリブ海の島国、ジャマイカの中央銀行（Bank of Jamaica）だ。

１９９０年代には80％もの水準に達したインフレを抑制するため、ジャマイカ中銀は２０１７年に４～６％のインフレ目標を導入した。その際、一般の人々に高インフレやデフレの弊害を説き、適度なインフレがもたらす効用を知ってもらうため、テレビ局出身の広報担当官が思いついたのが、レゲエ音楽を用いたコミュニケーション戦略だ。

ジャマイカはレゲエ音楽発祥の地。レゲエのリズムに乗せれば中央銀行のメッセージも広まりやすいだろうという発想から、レゲエ音楽のビデオクリップを作ったのだ。2020年に公表されたビデオを見ると、軽快なリズムに合わせ、女性ミュージシャンたちがBOJの職員たちとハイタッチしたり、正門前の階段で楽しそうに踊っている。「インフレは高すぎてもだめ。低すぎてもだめ。安定して予測可能なのがベスト!」。歌詞が伝えるメッセージは大変シンプルだ。そしてビデオ中盤には「GOJ BOJ」と自らを鼓舞するようなテロップが流れる。

見ていてつい踊りだしたくなるこのビデオはソーシャル・メディア上で大きな反響を呼び、主要メディアでも大きく取り上げられた。同中銀のホームページによると、現在(2024年5月)のインフレ率は5・2%で、目標の範囲内に収まっている。レゲエのおかげばかりではないだろうが、ジャマイカ中銀のコミュニケーションは一定の成果を上げているようだ。

日銀が音楽で2%インフレ目標の効用を説くとすれば、盆踊りか演歌になるのだろうか。そこまで求めるのはさすがに気が引けるが、黒田総裁が異色のレトリックで日銀文学に風穴を開けたように、保守的な中央銀行といえども、ときには新風を入れ、定型から外れたユニークな発信があってもよいのではないだろうか。

対象によって反応も異なる

日銀にとって悩ましいのは、同じ発信内容に対し、国内と海外投資家では反応が異なることだ。たとえば、日本で長い間物価や賃金が上がらなかったことに対し、日銀は、物価が上がらないという前提で家計や企業が行動する、社会的な規範（ノルム）が根付いてしまったためだと説明している。このノルムが最近変化の兆しを見せているため、低すぎる金利を徐々に引き上げていくのだ、というロジックだ。

国内投資家は日本の実情をよく知っているため、比較的スムーズにこの説明を受け入れる。長年培われたノルムが変化するには時間がかかるため、日銀が慌てて利上げしないといけない状況にはなりづらい。彼らの多くはこう考え、利上げはゆっくりとしたペースで進むだろうと予測する。

だが、海外投資家の見方は異なる。輸入コスト高騰など外部環境によるものとはいえ、物価がすでに日銀の目標である2%を2年以上超え続けている中、日銀が速やかに利上げをしていくのは当然、という見立てが多い。一過性と思っていたインフレが思いのほか長引き、対応に苦慮した欧米中央銀行の経験を日本に当てはめ、ゆっくりとしか利上げしない日銀を不思議な目で見ている印象だ。

就任から1年で、マイナス金利やイールドカーブ・コントロールといった異例の政策を大きな市場の混乱なく手仕舞った植田総裁の手腕を評価する声は多い。一方、海外投資家からは「正常化に向けた歩みが遅すぎる」との声もある。デフレとの長い闘いを踏まえ、慎重に歩を進める植田日銀だが、その足取りの重さが海外の投機筋に恰好の円売り材料を与えてしまっている面はあるだろう。

レトリックを学ぶべき

かつて金融政策は中央銀行の専門家集団が秘密主義で行うものだった。だが今やコミュニケーションが中央銀行の主要な政策手段となった。何を語るかだけでなく、どのように語るかが、政策の効果を高めるうえで非常に重要なのだ。政策の有効性や自らの予測について人々を説得し、納得してもらうためには、レトリック（修辞学）のスキルは必須となった。日銀をはじめ日本のエリートたちはもっとレトリックを学ぶべきではないだろうか。

レトリックのもつ力や、そのツールについて理解を深めることに損はない。予想される経済のシナリオや、そのもとでの望ましい金融政策のあり方について唯一絶対の解はない。

複数あるシナリオのうち、自らの提示するものを人々に信じてもらえるかどうかは、伝える側の説得力に大きく依存する。だからこそレトリック・ツールを駆使し、社会的現実を構築する力をもつことが大事だ。2％の物価目標の目的のひとつは、将来の物価に対する人々の期待をアンカーすることだ。そうであれば、金融政策は人々の期待に働きかけ続ける側面が常にあり、コミュニケーションの重要性は増すことはあっても衰えることはない。

意識的かどうかは別にして、日銀は講演においてはモダリティやメタファーなどのレトリック・ツールを用いている。だが、一方的に語り掛ける講演だけでなく、より双方向性の高い記者会見や国会でのやりとりでも、レトリック・ツールを駆使し、説得力を高めていく努力が必要ではないだろうか。記者や国会議員が放つ質問の多くは、国民が感じる素朴な疑問を反映している。そうした質問に対し、信頼に足り、説得力のある回答ができなければ、当局者のメッセージが人々の心に響くことはないだろう。

先に引用したフランスの言語学者、Resche の言葉を借りるならば、中央銀行は政策を説明するときはストーリー・テラー、期待に働きかけるときは将来の道筋を指示するガイド、金融市場の行き過ぎをいさめるときはモラリスト、そしてどんな状況においても有能な外交官たるべきだという。どの役割においても、レトリックの見識は不可欠だ。

「フリー・ランチはない」

日銀が、現在ゼロ%近傍にある短期金利を多少引き上げたところで、5%前後の米金利との差は簡単には縮まらない。だが、為替相場では、金融政策の方向性も大切だ。今後アメリカの中央銀行が利下げに向かう中、日銀が利上げをしていけば、投資家も円を売り込む心境にはなりづらいだろう。長く日銀を苦しめた円安トレンドは収束するかもしれない。だが、「いつまでも利上げしない日銀」という印象を与え続けた植田日銀の曖昧模糊としたレトリックは、実際利上げしたときの市場の反応を必要以上に増幅してしまった可能性がある。

政策の手足を縛ることを恐れ、低いモダリティで曖昧な発言を繰り返していても、海外投資家にはなかなか理解してもらえない。ここぞという場面では、高いモダリティやメタファーを用いた説得力のあるレトリックで、日銀の決意を伝えることが有効だろう。リスクを気にしてヘッジばかりしていては、利上げの「本気度」は市場に伝わらない。

一方、為替ばかり意識して金融政策を決めている印象を与えることは得策ではない。そもそも金融政策の目的は物価や金融システムの安定であり、為替の操作ではない。「日銀は円安を止めるために利上げしている」とひとたび思われてしまうと、さらなる利上げを求める催促相場に搦めとられてしまい、自縄自縛に陥ってしまう。

利上げのタイミングはあくまで経済・物価情勢次第であることについても高いモダリティで強調し、「日銀が利上げさえすれば円安は止まり、生活は楽になる」といった、短絡的なナラティブには敢然と立ち向かうべきだろう。

「フリー・ランチはない」というメタファーがある。どのような政策も効能ばかりではなく、副作用があるという意味だ。何かを得ようとすれば、必ずコストが伴う。乾坤一擲の大規模緩和で、日本経済の諸問題が解決できたわけではないのと同様、日銀が利上げさえすれば、バラ色の世界が訪れるわけではない。「デフレ」という政治シンボルに翻弄された経験を踏まえ、今度は「円安」という政治シンボルに振り回されてしまわないためにも、モダリティは高めに、主張すべきは主張してほしい。

これからは日本も金利のある世界を迎え、通常の金融政策が始まる。日銀にとって新しい歴史のスタートだ。利上げというデリケートな政策局面だからこそ、植田総裁が目指す「わかりやすく論理的」なコミュニケーションに向け、レトリックの世界にも新風を吹き込んでくれることを期待したい。

おわりに

２０２４年の夏はあらゆる意味で波乱に満ちていた。植田総裁の公式発言や取材の端々から日銀の追加利上げへの並々ならぬ意欲を感じ、筆者は早くから7月利上げの可能性は相応にあると感じていた。ただ市場では7月利上げを予想するエコノミストは少数派だった。その主因は消費の弱さだ。

日用品や食品価格の値上げが続いたことで家計の節約意識は高まり、消費関連の指標はどれも弱めだった。経済・物価情勢を丹念に点検し、データ重視で政策判断するとの植田総裁の発言を信じれば、8月15日に公表される第2四半期の国内総生産（ＧＤＰ）統計で消費の持ち直しを確認するまで利上げはしないだろう。これが多くのエコノミストの見立てだった。このため、7月31日の金融政策決定会合における利上げ判断は、多くの市場関係者にとってサプライズとなった。

日銀からすれば、4月以降、利上げのシグナルは十分に送ったつもりだっただろう。「我々は足元のデータではなく、より長い視野で将来の利上げパスを意識し、政策運営している」。このように述べ、7月の利上げがなぜサプライズと受け止められたのか不思議そうに振り返る幹部もいた。こうした意識の差は、日銀の政策に対する考え方が市場に十分伝わっていなかったことの証左だ。

条件がそろえば粛々と利上げする。7月31日の決定会合後の記者会見で、植田総裁はこの姿勢をよりはっきりと打ち出した。マス・メディアは植田日銀が「ハト派からタカ派へ」旋回したと報じ、市場は今後の継続的な利上げを織り込む形で円高・株安に反応した。ようやく日銀のメッセージが伝わったのだ。

だが、日経平均株価が史上最大の下げ幅を記録するや、内田副総裁は市場の見方の再修正に動いた。8月7日に北海道・函館市で講演した際、「内外の金融資本市場の急激な変動がみられるもとで、当面、現在の水準で金融緩和をしっかりと続けていく必要がある」と述べ、市場が落ち着くまで利上げを封印すると宣言したのだ。日銀幹部がここまで将来の政策について言い切るケースは珍しい。

市場が動揺しているときにわざわざ利上げする必要はない。当たり前のことを言っているように聞こえるが、内田副総裁は講演でこの点を2回繰り返した。その後の記者会見では、「皆さんもそこを見出しに取ったでしょうから、それは強調していると思って頂いて結構です」と述べた。情報を切り取って伝えるマス・メディアの習性をあえて利用し、市場に「当面利上げはしない」というメッセージを意識的に送ったことがわかる。

この巧妙な軌道修正は市場の沈静化に成功したかもしれないが、禍根も残した。相場の変動に右往左往したように見え、「やはり日銀は経済ではなく、マーケットを見て政策判断するのだ」という印象を市場関係者に与えてしまったのではないか。今後も円高・株安が進むたびに、日銀は利上げを躊躇するだろうとの観測が広がり、金融政策の正常化に向けた市場とのコミュニケーションを妨げる恐れがあるだろう。

市場も大きく反応した函館での内田副総裁講演。取材を終え、東京に戻るために乗った飛行機は羽田空港上空の巨大な雷雲に阻まれ着陸できず、中部国際空港セントレアへ迂回してしまった。着陸が深夜のためホテルも手配できず、空港で雑魚寝して一夜を過ごす羽目になった。くだんの雷雲は豪雨をもたらし、多くの便が欠航や迂回の憂き目にあったという。乱気流になりそうな今後の金融政策の正常化を暗示しているようだ。

「メッセージがうまく伝わらない」苦悩は、日銀だけのものではない。金融政策についての望ましいコミュニケーションのあり方は常に国際会議の話題にのぼる、中央銀行界にとって永遠のテーマだ。その一端を担うマス・メディアの一員として、ただ日々のニュースを追うだけではなく、より体系的に日銀のコミュニケーションを考察したい。こう考え、大学院で日銀のレトリック分析について論文を書いたのが本書の執筆に至ったきっかけだ。

金融政策と言説分析という異色の組み合わせにもかかわらず、本書の土台となった研究を温かく指導・支援してくださった、早稲田大学大学院の教授陣や学生の皆様にこの場を借りてお礼を申し上げたい。また、お忙しい中取材に応じてくださった方々や、日銀のコミュニケーションについて貴重なご助言をいただいた皆様にも謝意を表したい。匿名を条件に話を伺ったためお名前を出すことはできないが、何物にも代えがたい知的刺激とエネルギーをいただいた。

そして、新書初挑戦の著者を辛抱強くサポートしてくださった文春新書編集長の西本幸恒さんや校閲の方々、出版社との橋渡しをしてくださった尊敬するジャーナリストの軽部謙介さんにも感謝の念を伝えたい。日銀についての著書を出すという長年の夢を叶えることができたのも、こうした多くの方のサポートがあってこそと痛感した。

最後に、実家の奈良から応援してくれた両親や、週末も書斎に引きこもる著者に呆れながらも付き合ってくれた夫にお礼を言いたい。ありがとう。

木原麗花

主要参考文献

【はじめに】

「be between 読者とつくる　円安は、いいことですか?」『朝日新聞』２０２４年6月8日

【第1章】

Campbell, K.K. & Jamieson, K.H. (2008). Presidents creating the presidency: Deeds done in words. University of Chicago Press.
Fairclough, N. (2015). Language and power. Routledge.
Shiller, R. J. (2017). Narrative Economics. The American Economic Review, 107(4), 967–1004.
Smart, G. (1999). Storytelling in a Central Bank: The Role of Narrative in the Creation and Use of Specialized Economic Knowledge. Journal of Business and Technical Communication, 13(3), 249–273.
「『恐ろしい力に思いをはせるために』オバマ氏演説全文」『朝日新聞デジタル』２０１６年5月27日配信
アリストテレス（１９９２、戸塚七郎訳）『弁論術』岩波文庫
谷口智彦（２０２２）『安倍総理のスピーチ』文春新書
「危機に語りかける　各国首脳のテレビ演説」『中日新聞Ｗｅｂ』２０２０年特集
https://static.chunichi.co.jp/chunichi/pages/feature/speeches/addressing_the_nation.html

【第3章】

西野智彦（２０２０）『ドキュメント日銀漂流　試練と苦悩の四半世紀』岩波書店

「黒田東彦　私の履歴書（29）学者生活」『日本経済新聞』２０２３年11月30日

【第4章】

McCloskey, D.N. (1995). Metaphors Economists Live by. Social Research, 62(2), 215–237.

Pisani, B. "Kuroda to Bernanke: My Bazooka is Bigger than Your Bazooka." Trader Talk, CNBC, April 4, 2013.
https://www.cnbc.com/id/100616230

Resche, C. (2012). Towards a better understanding of metaphorical networks in the language of economics: The importance of theory-constitutive metaphors. De Gruyter Mouton, 77–102.

【第5章】

『物価に影響するなら為替も利上げ材料』植田総裁単独インタビュー」『朝日新聞デジタル』２０２４年4月5日配信

「日銀植田総裁単独インタビュー　金融政策の転換は?」『NHK』NEWSWEB ２０２３年12月27日配信

翁邦雄（２０２２）『人の心に働きかける経済政策』岩波新書

「特別インタビュー　植田総裁に聞く」『にちぎん』２０２４年春号、日本銀行情報サービス局

「黒田東彦　私の履歴書（25）ＹＣＣ導入」『日本経済新聞』２０２３年11月26日

門間一夫（2022）『日本経済の見えない真実　低成長・低金利の「出口」はあるか』日経BP
「マイナス金利解除『選択肢』　賃金・物価上昇なら」『読売新聞』2023年9月9日

【第6章】

Blinder, A. S. (2018). Through a Crystal Ball Darkly: The Future of Monetary Policy Communication. AEA Papers and Proceedings, 108, 567–571.
白川方明（2018）『中央銀行セントラルバンカーの経験した39年』東洋経済新報社

木原麗花（きはら　れいか）
ロイター通信社記者（日銀担当）。1973年生まれ。同志社大学法学部政治学科卒業、早稲田大学大学院政治学研究科修了。時事通信社、米ダウ・ジョーンズ経済通信記者をへて、2006年以降現職。通算20年以上にわたり日本銀行の金融政策の取材に携わり、数々の調査報道に従事。2014年、白川総裁・黒田総裁時代の金融政策を追った報道でSociety of Publishers in Asia（SOPA）共同受賞。2012年と2022年には優れた功績を残した記者に与えられるReuters Journalists of the Year受賞。日本金融学会会員。

文春新書

1470

日銀総裁《にちぎんそうさい》のレトリック

2024年9月20日　第1刷発行

著　者　木　原　麗　花
発行者　大　松　芳　男
発行所　株式会社　文　藝　春　秋
〒102-8008　東京都千代田区紀尾井町3-23
電話（03）3265-1211（代表）

印刷所　理　想　社
付物印刷　大　日　本　印　刷
製本所　加　藤　製　本

定価はカバーに表示してあります。
万一、落丁・乱丁の場合は小社製作部宛お送り下さい。
送料小社負担でお取替え致します。

ISBN978-4-16-661470-7

文春新書のロングセラー

磯田道史
磯田道史と日本史を語ろう
日本史を語らせたら当代一！　磯田道史が、半藤一利、阿川佐和子、養老孟司ほか、各界の「達人」を招き、歴史のウラオモテを縦横に語り尽くす
1438

エマニュエル・トッド　大野　舞訳
第三次世界大戦はもう始まっている
ウクライナを武装化してロシアと戦う米国によって、この危機は「世界大戦化」している。各国の思惑と誤算から戦争の帰趨を考える
1367

阿川佐和子
話す力
心をつかむ44のヒント
初対面の時の会話は？　どう場を和ませる？話題を変えるには？　週刊文春で30年対談連載するアガワが伝授する「話す力」の極意
1435

牧田善二
認知症にならない100まで生きる食事術
認知症になるには20年を要する。つまり、30歳を過ぎたら食事に注意する必要がある。認知症を防ぐ日々の食事のノウハウを詳細に伝授する！

1418

橘　玲
テクノ・リバタリアン
世界を変える唯一の思想
とてつもない富を持つ、とてつもなく賢い人々が蝟集するシリコンバレー。「究極の自由」を求める彼らは世界秩序をどう変えるのか？
1446

文藝春秋刊